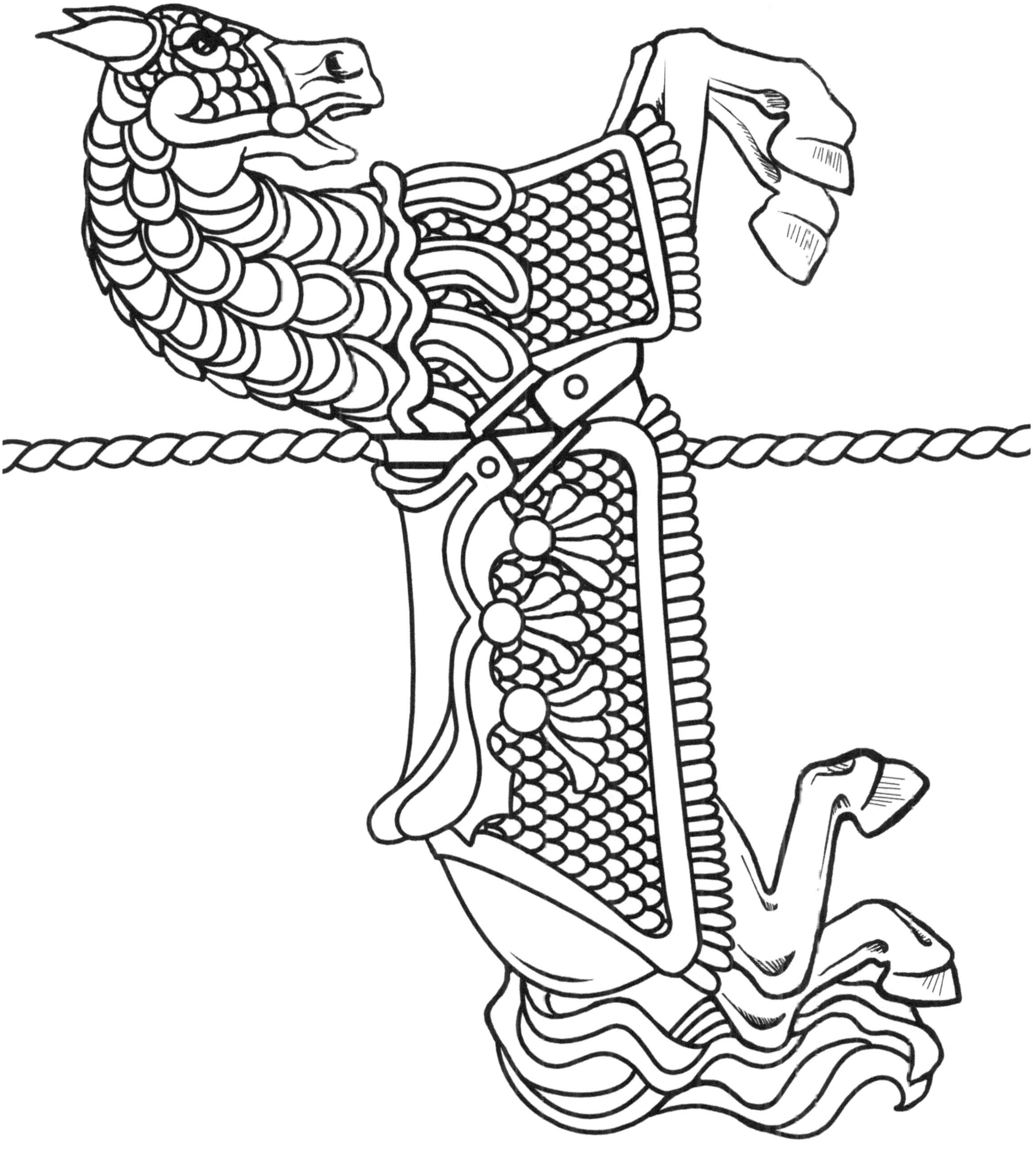

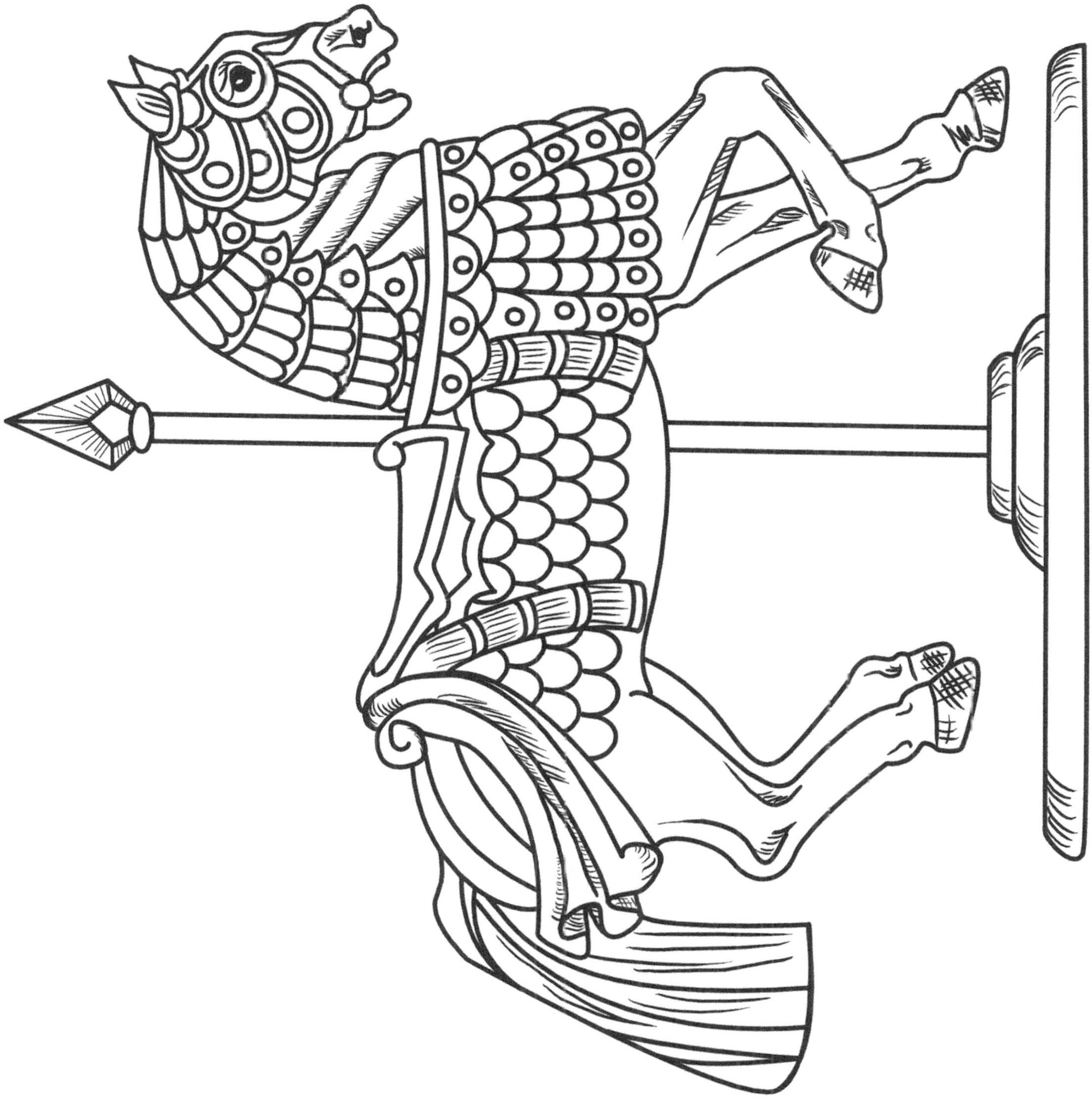

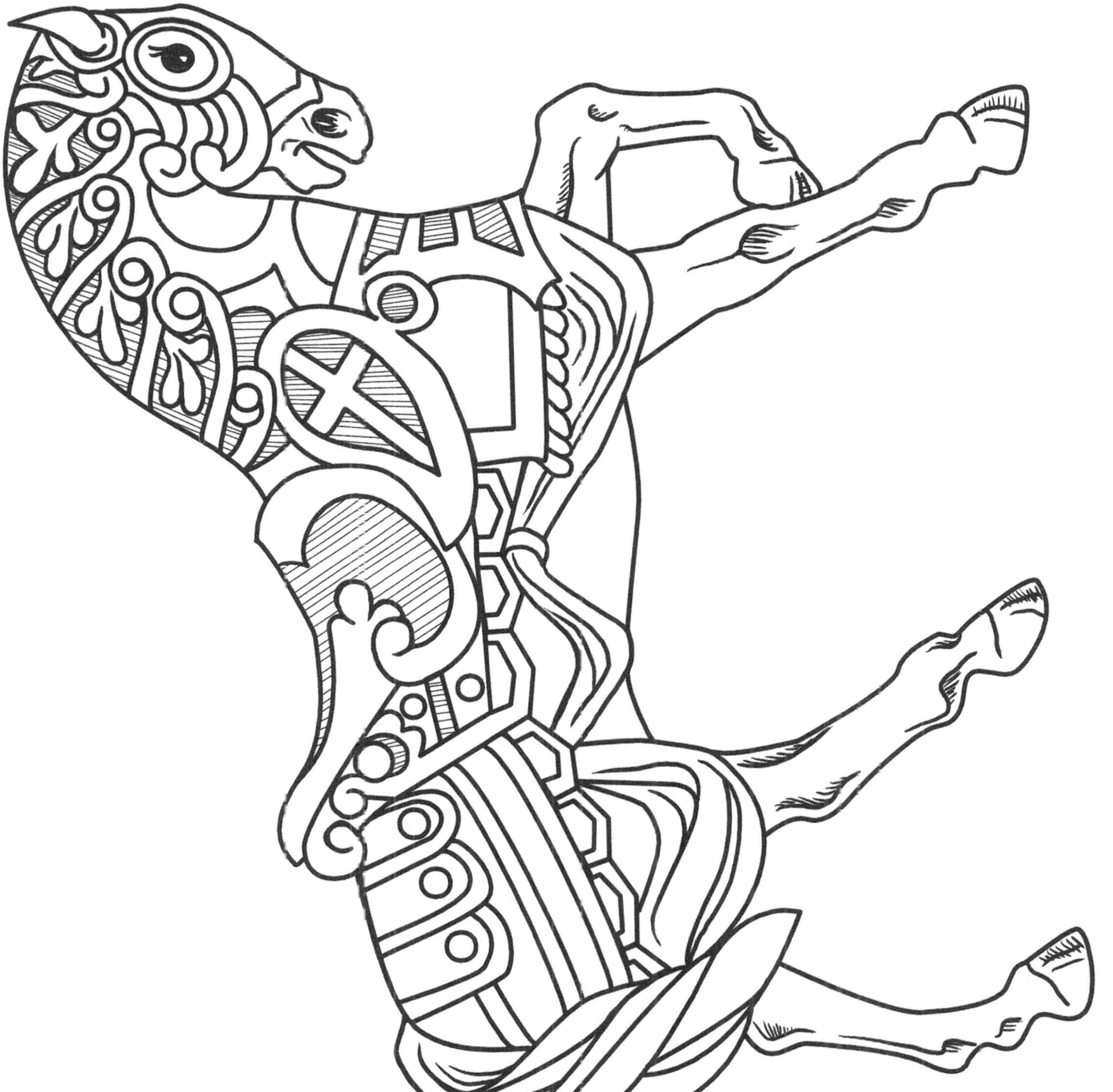

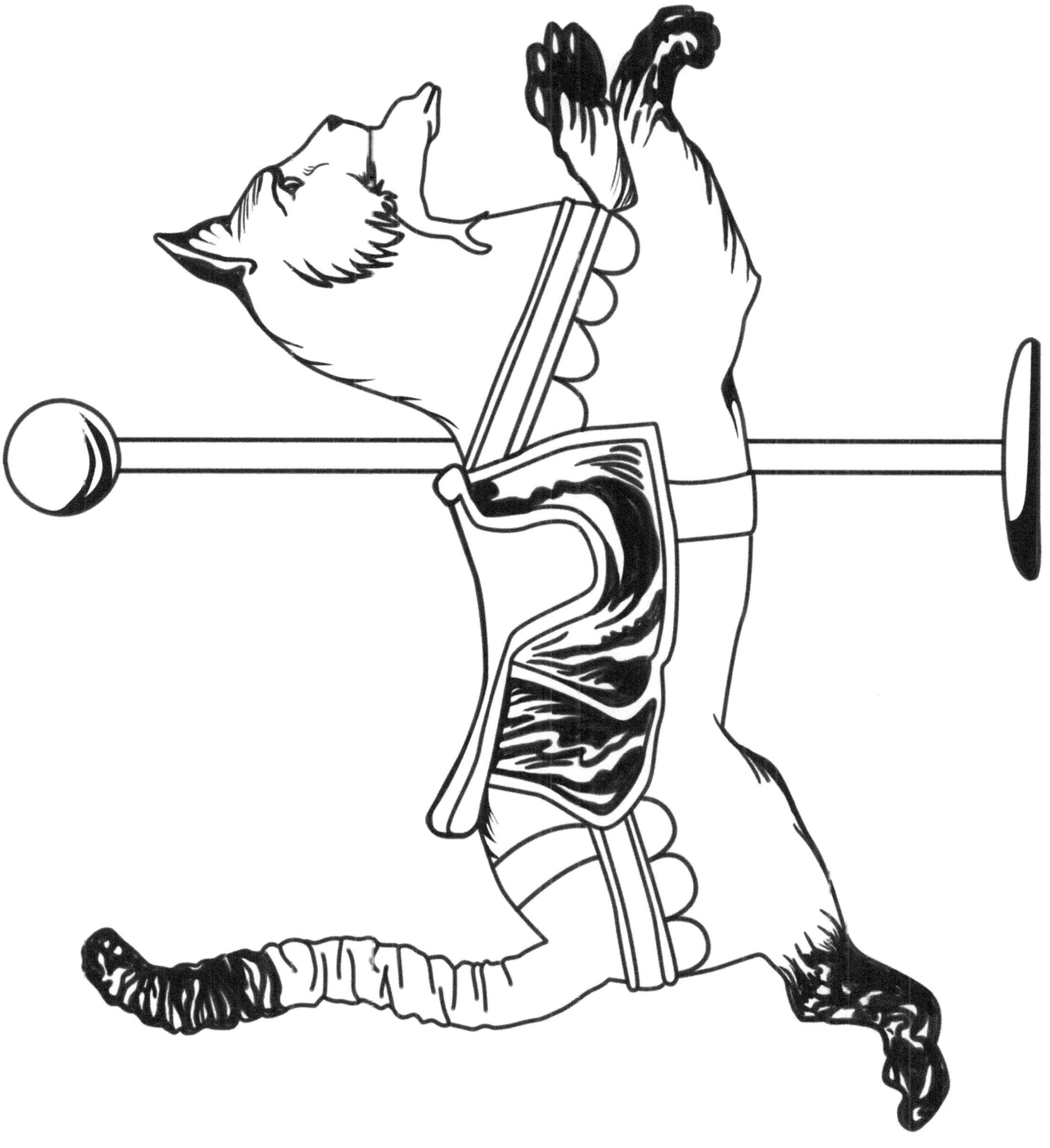

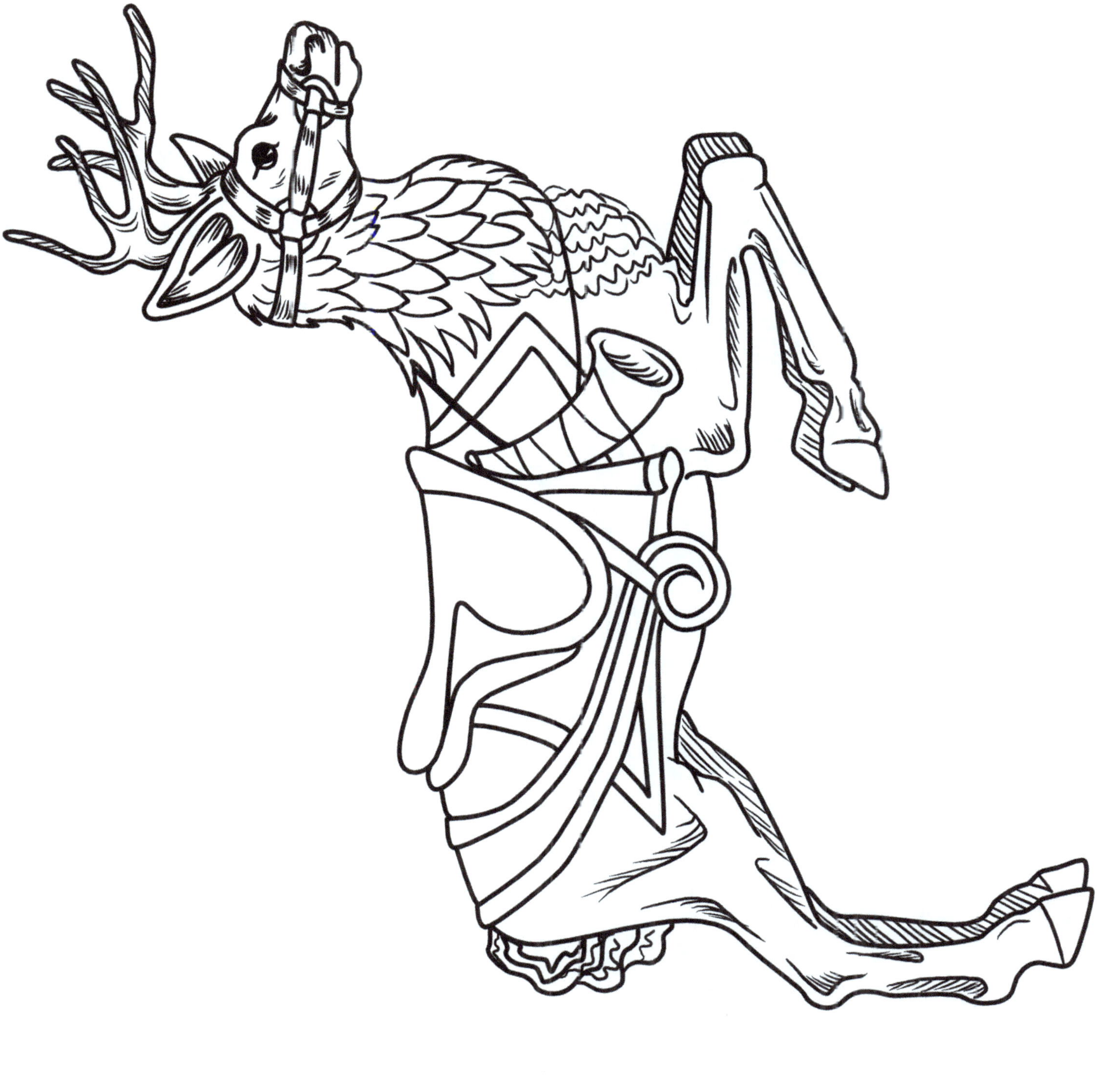

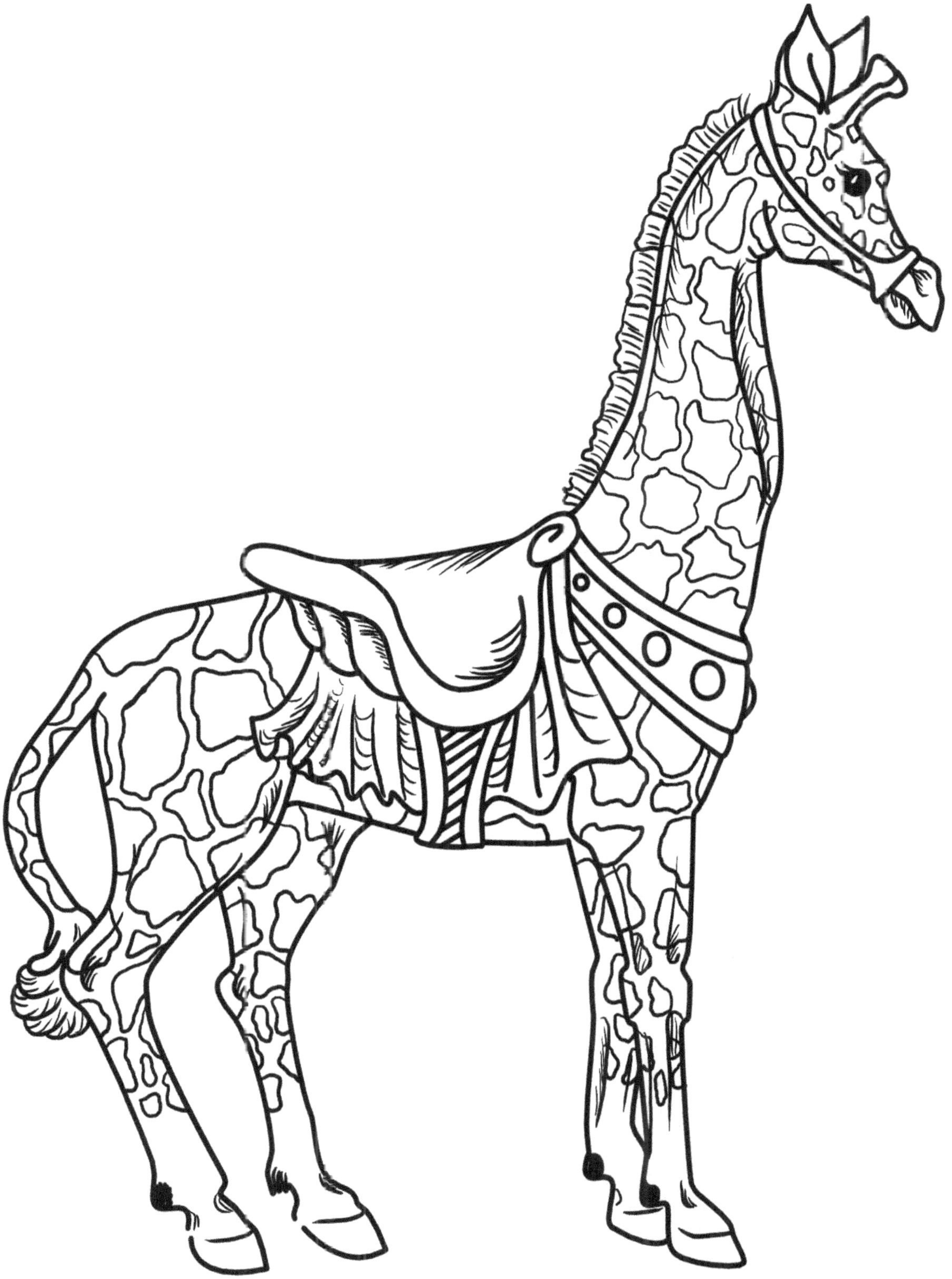

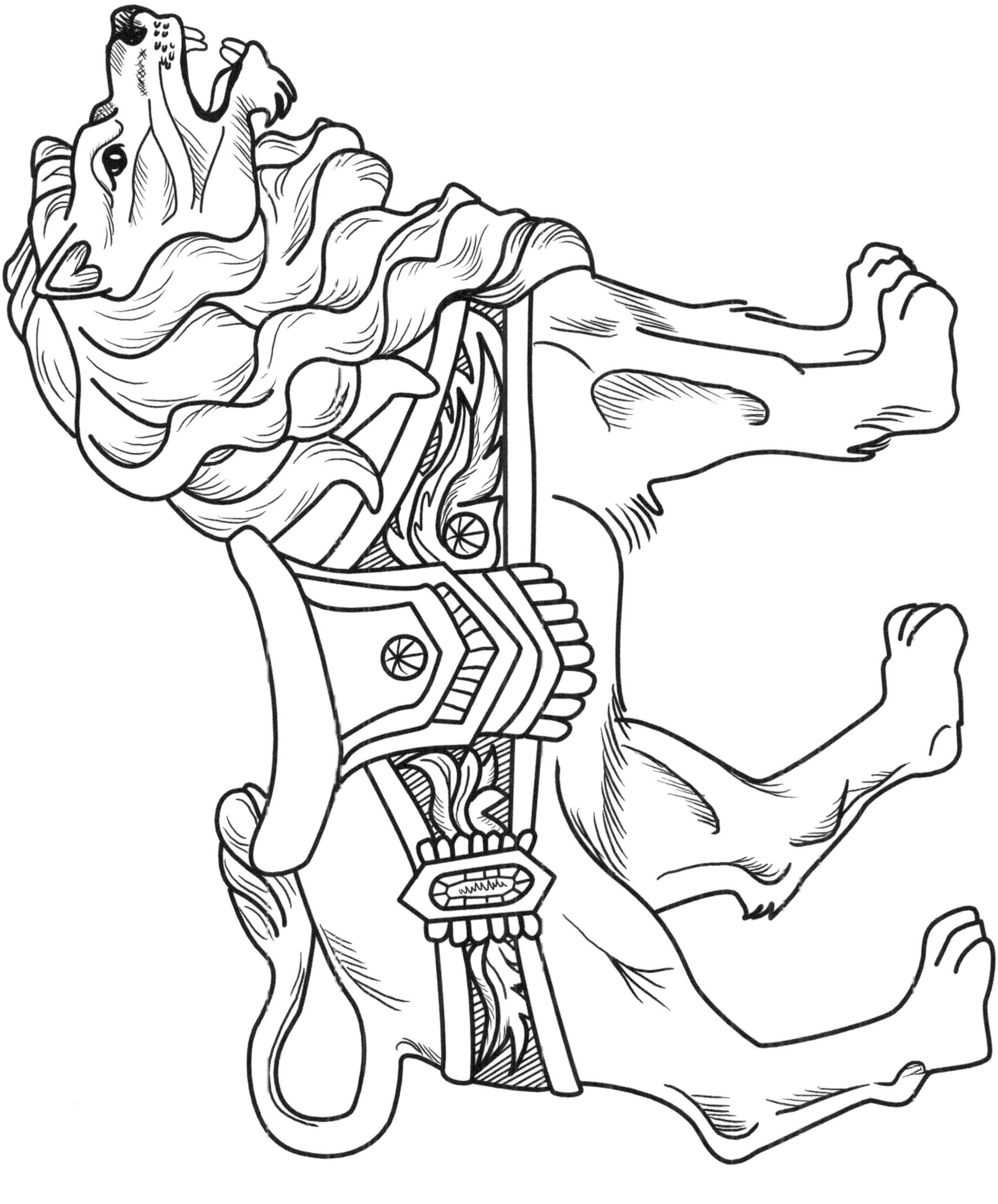

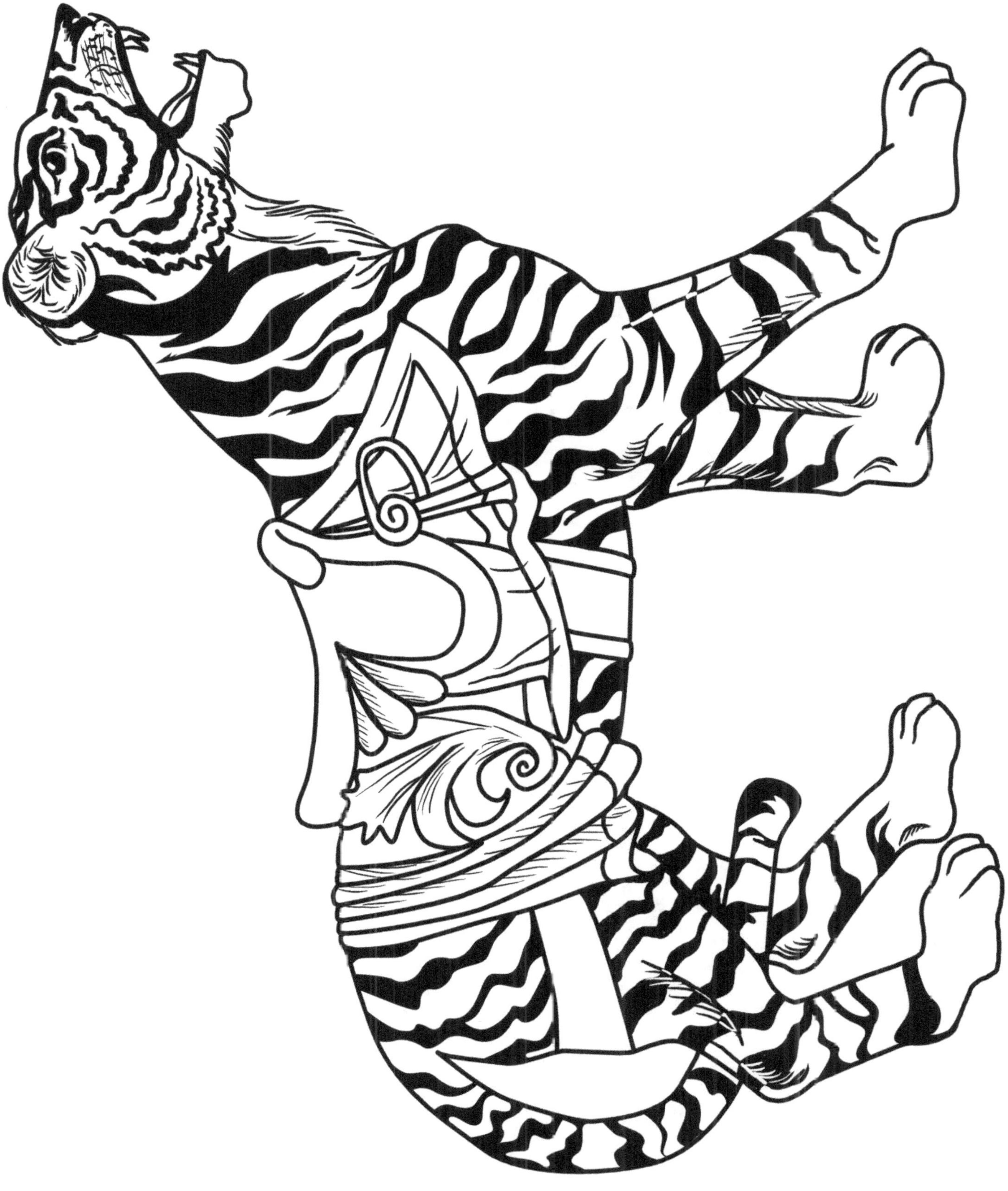

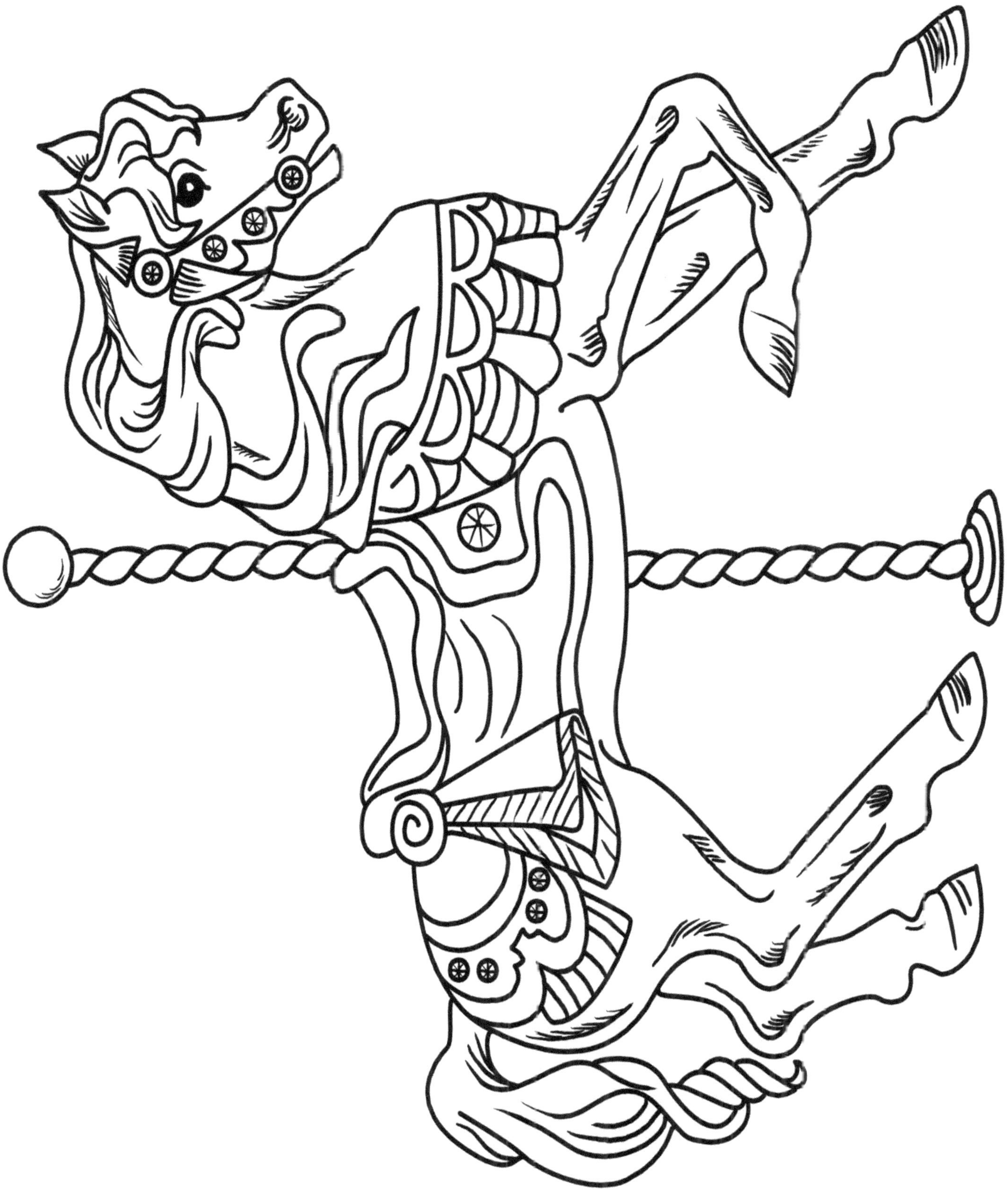

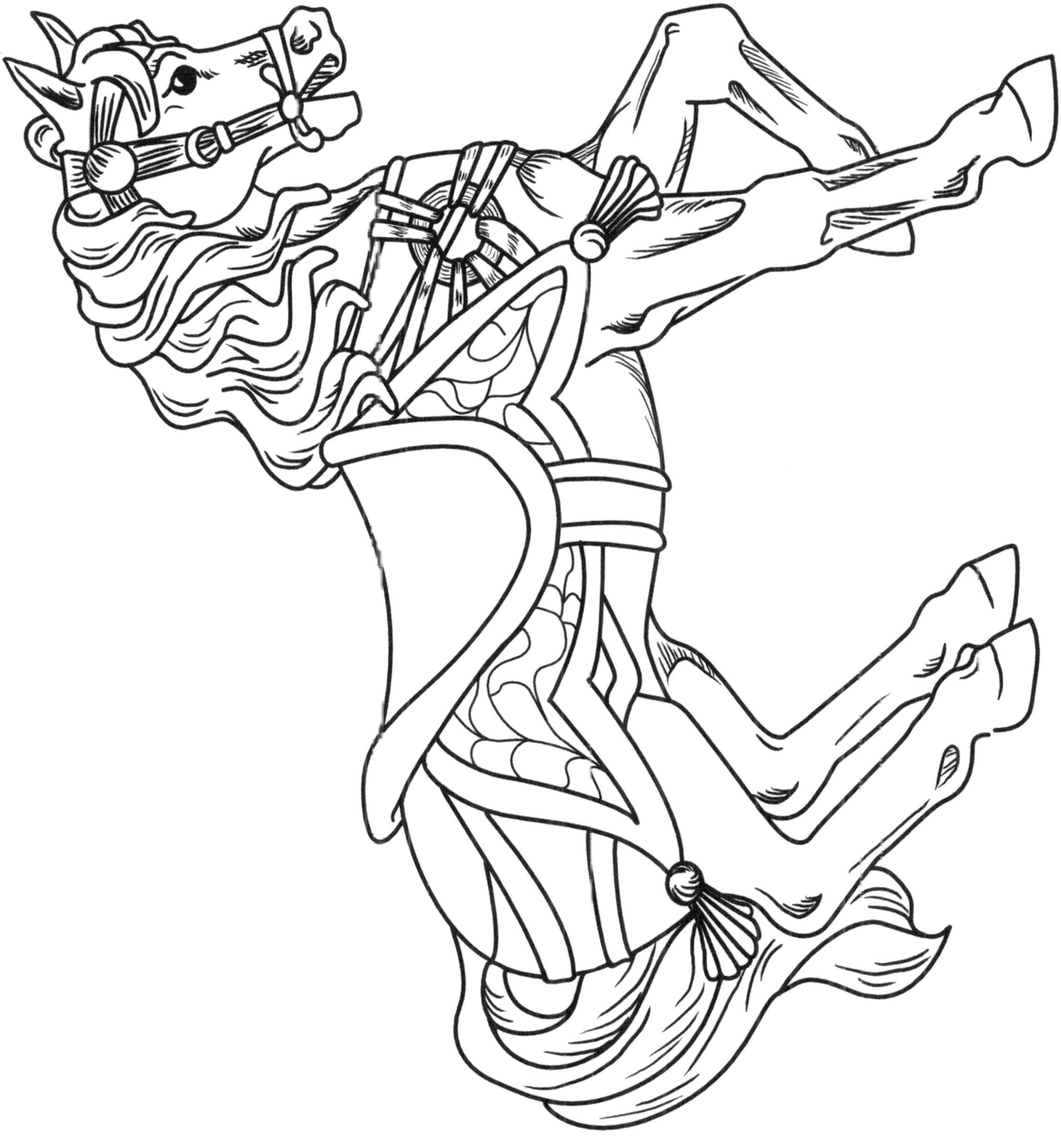

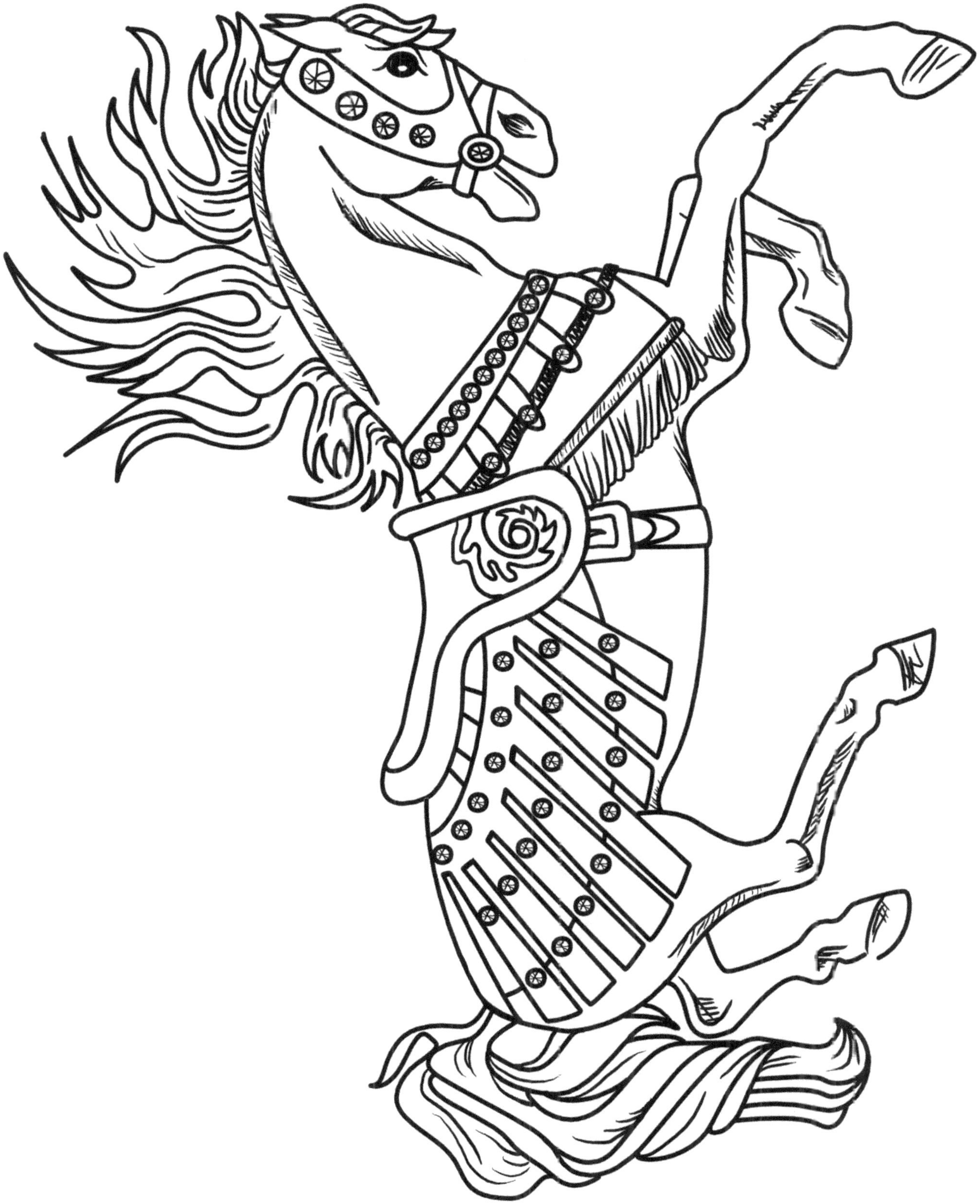

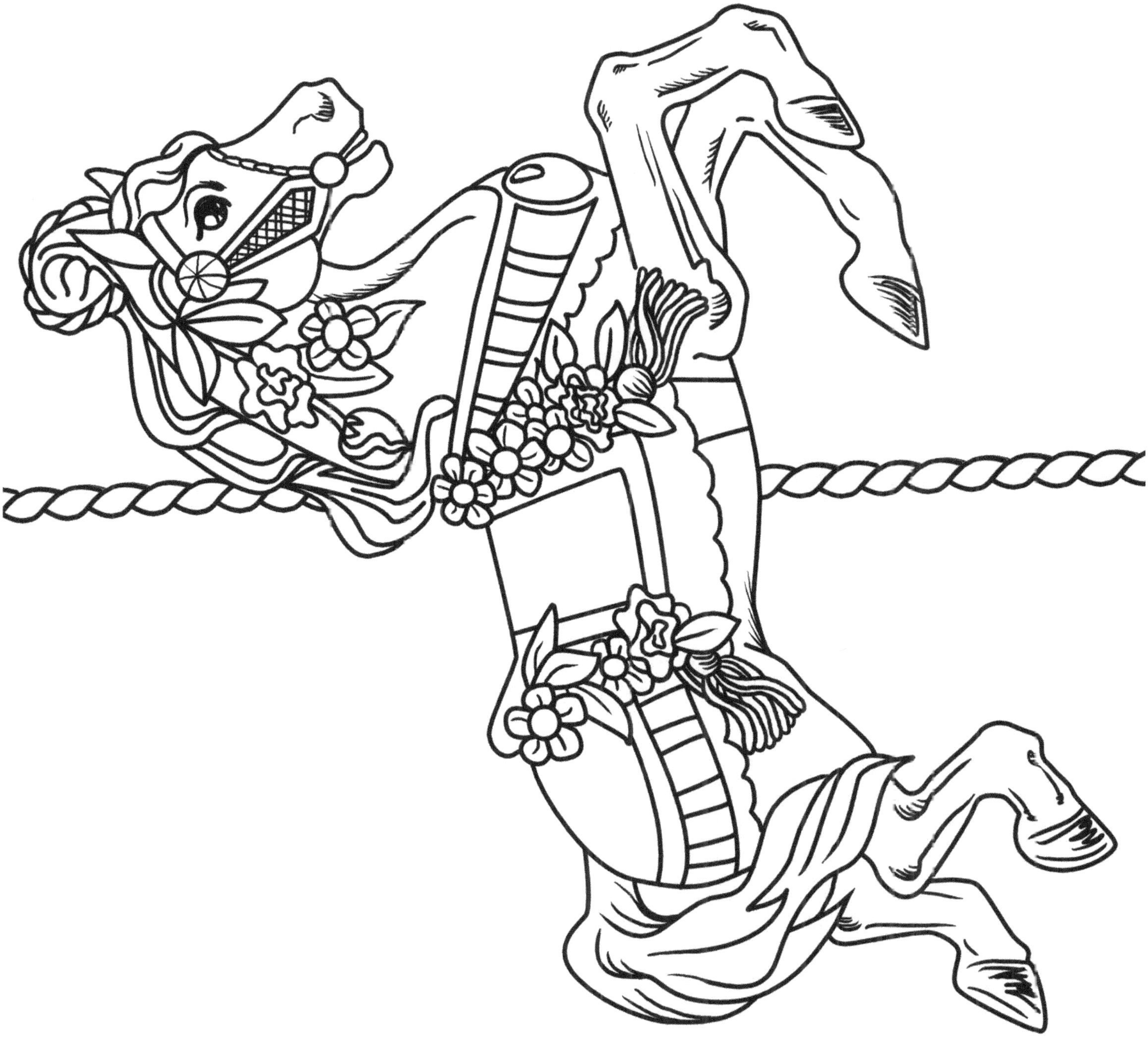

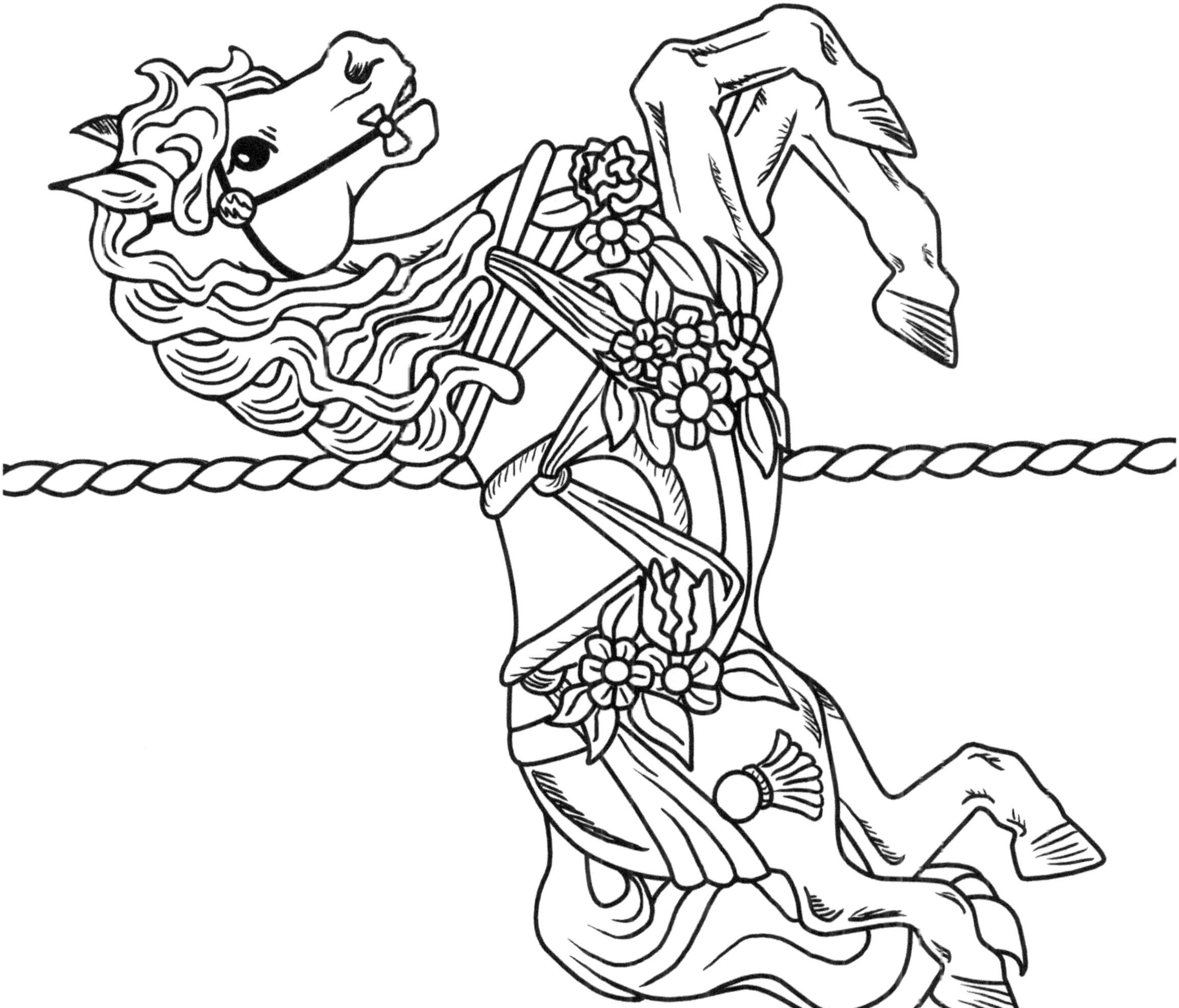

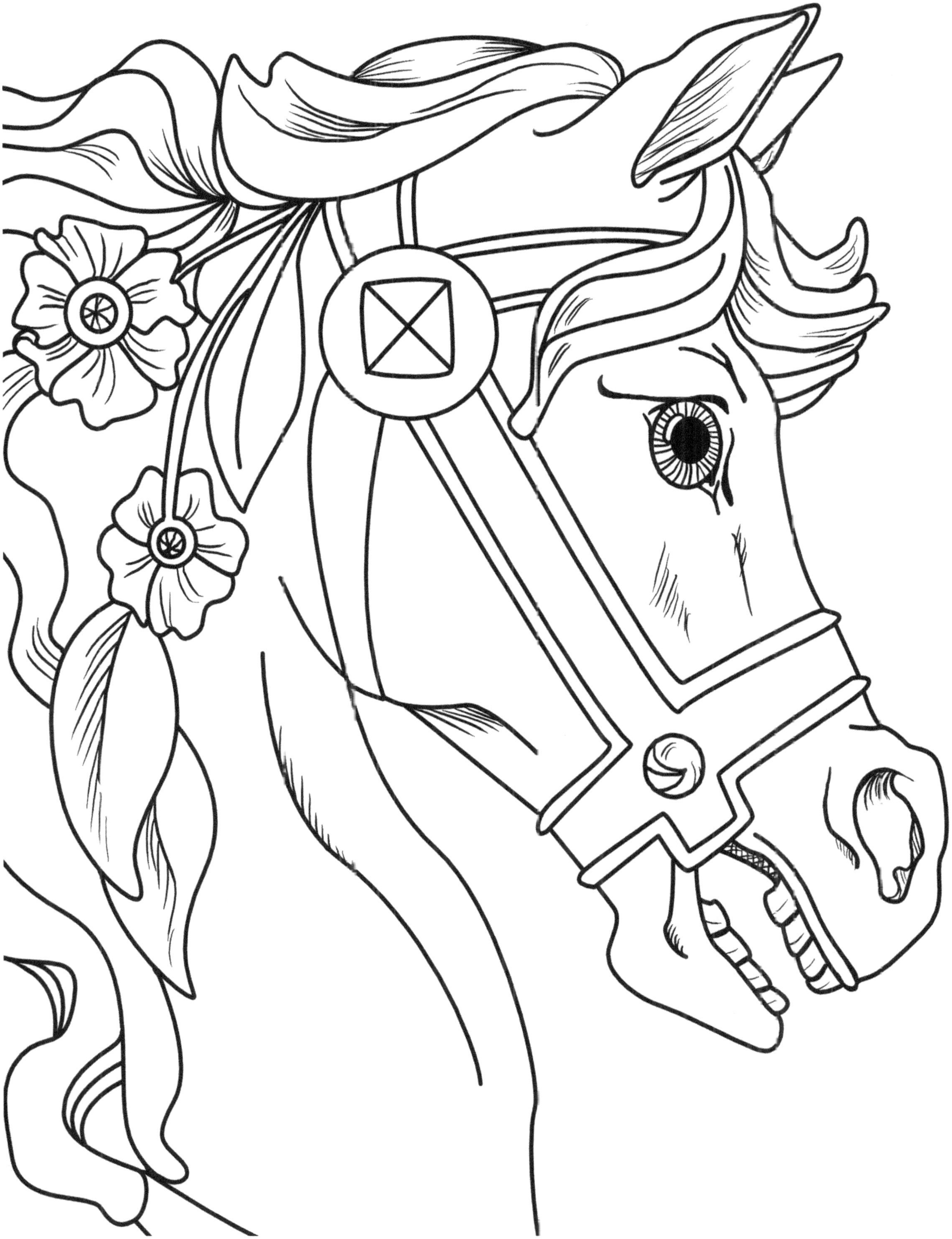

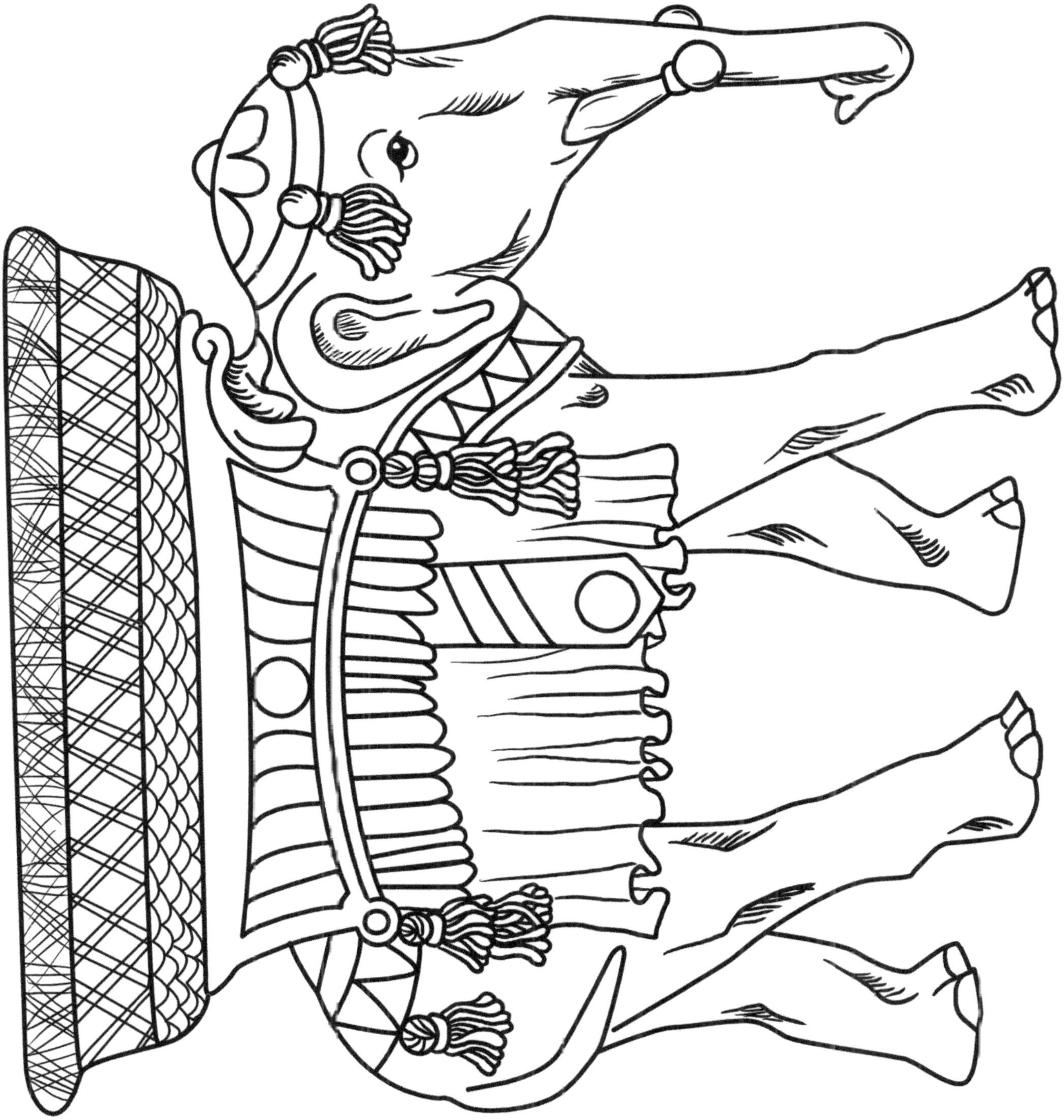

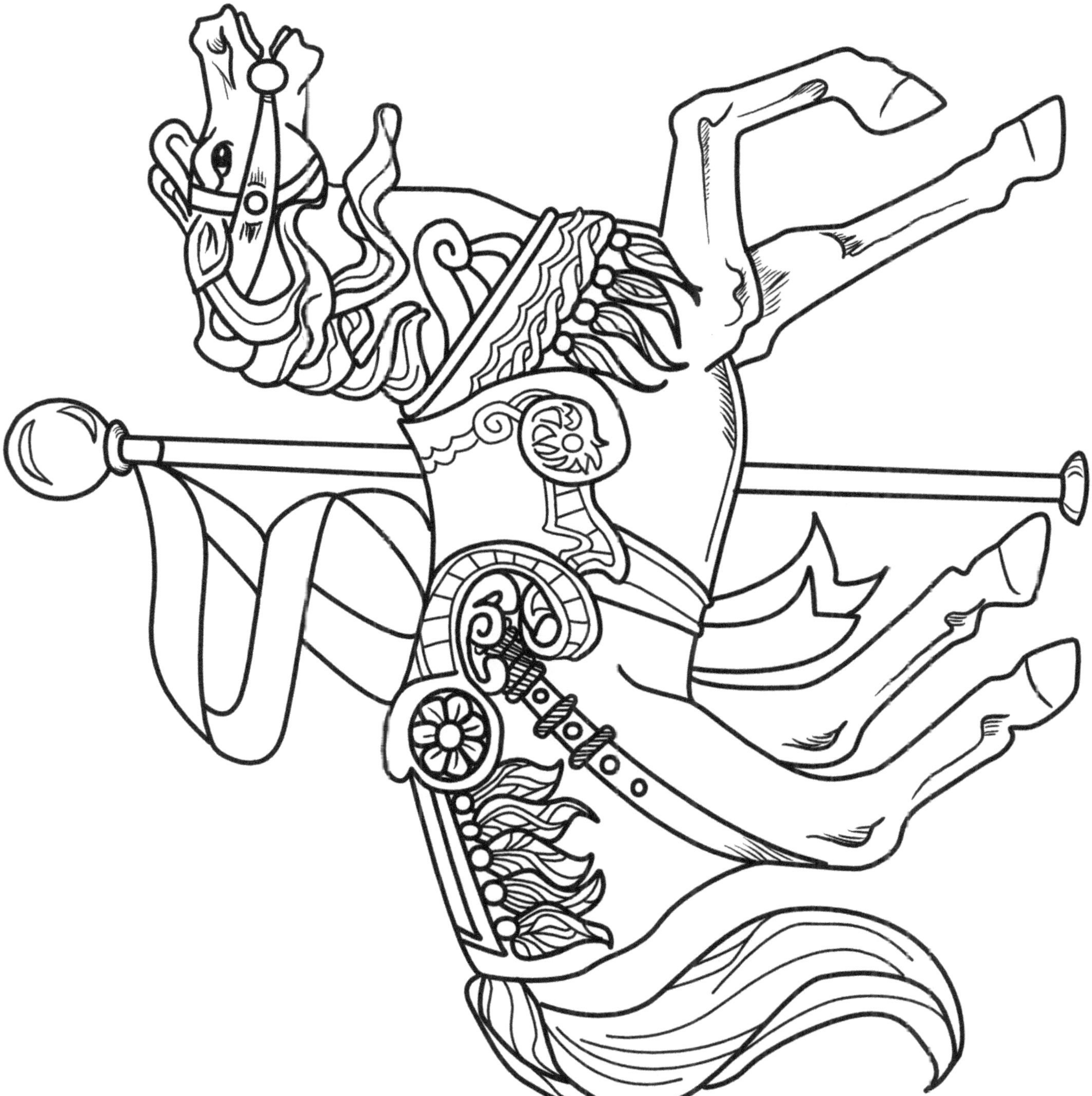

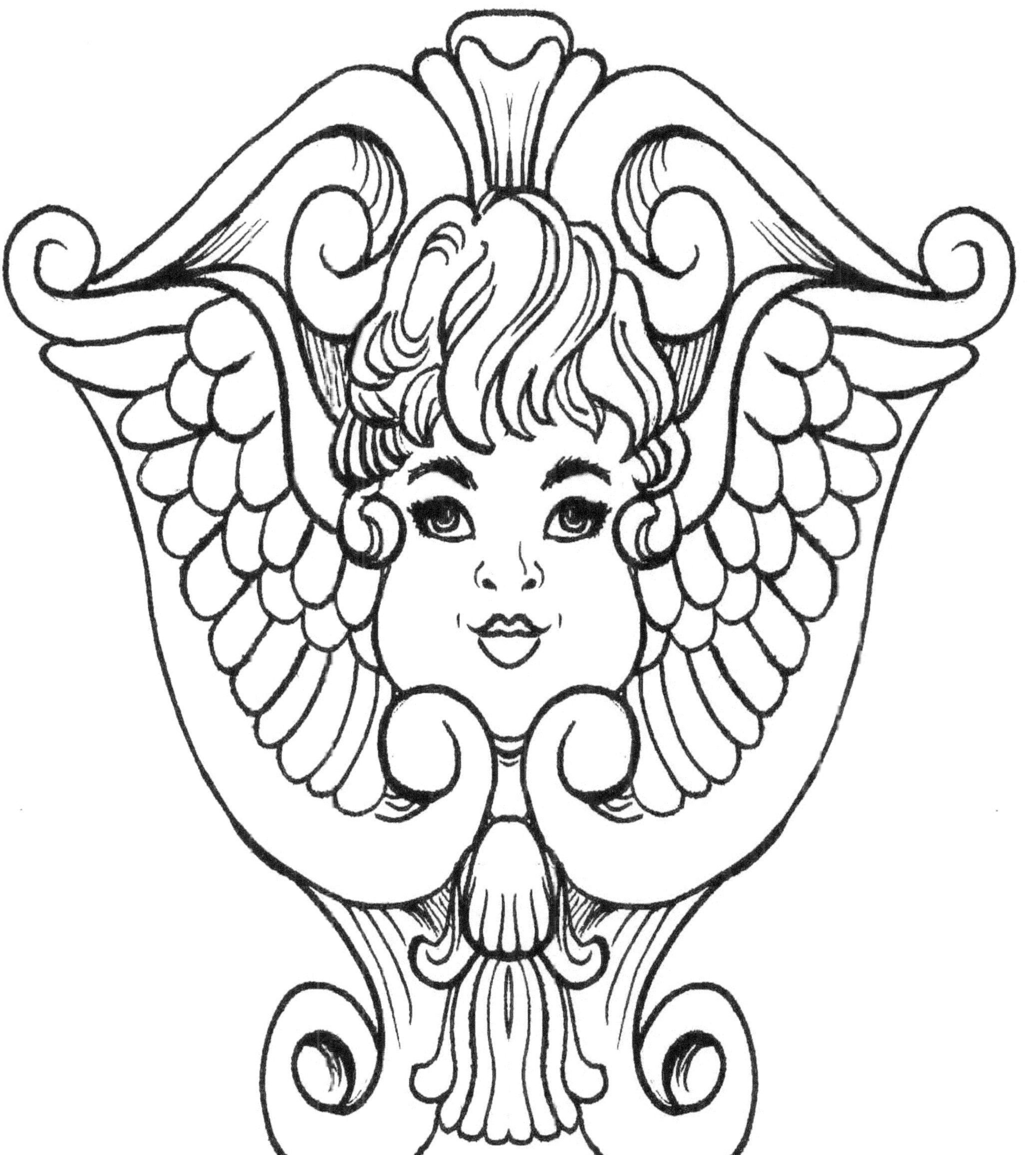

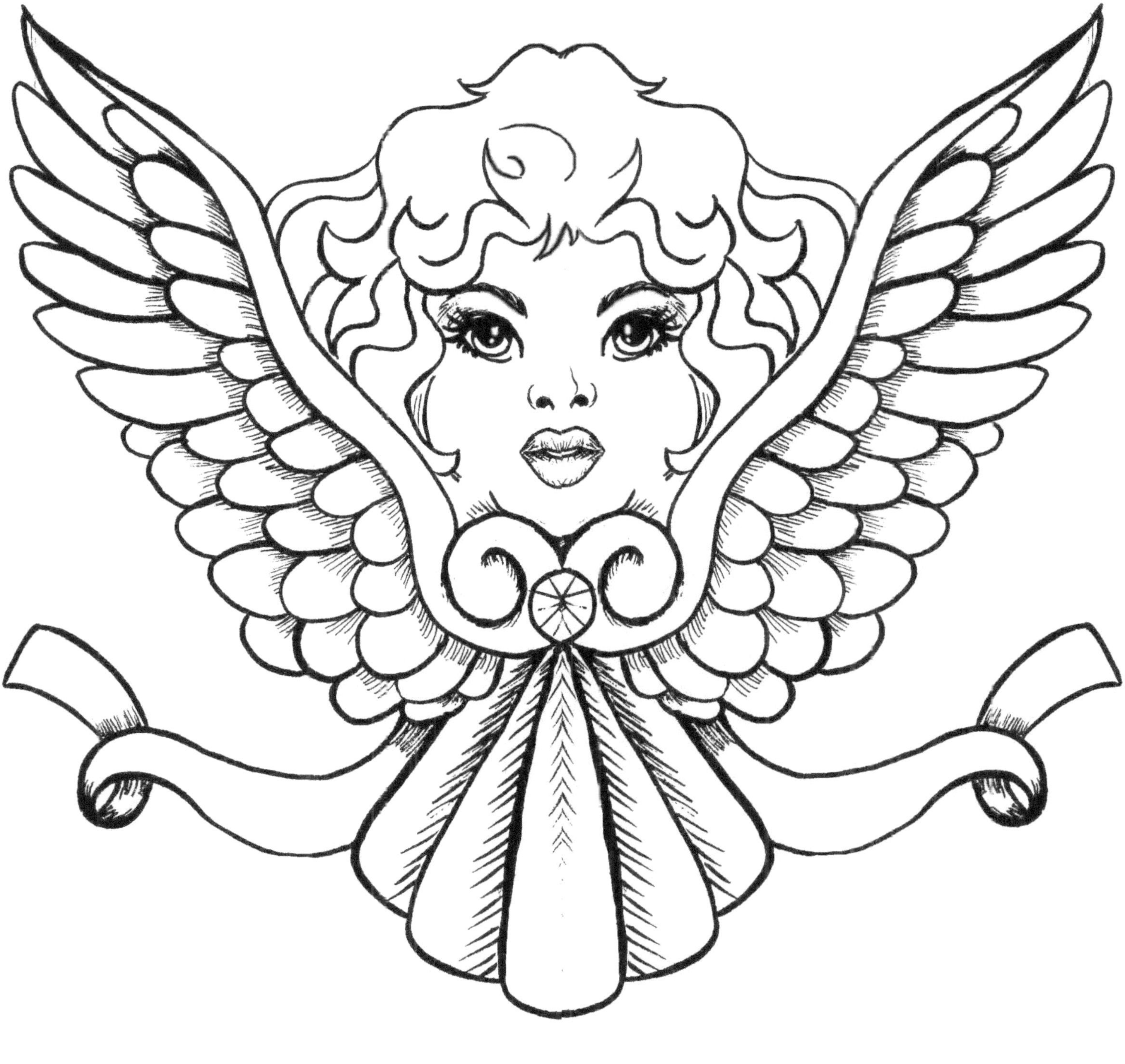

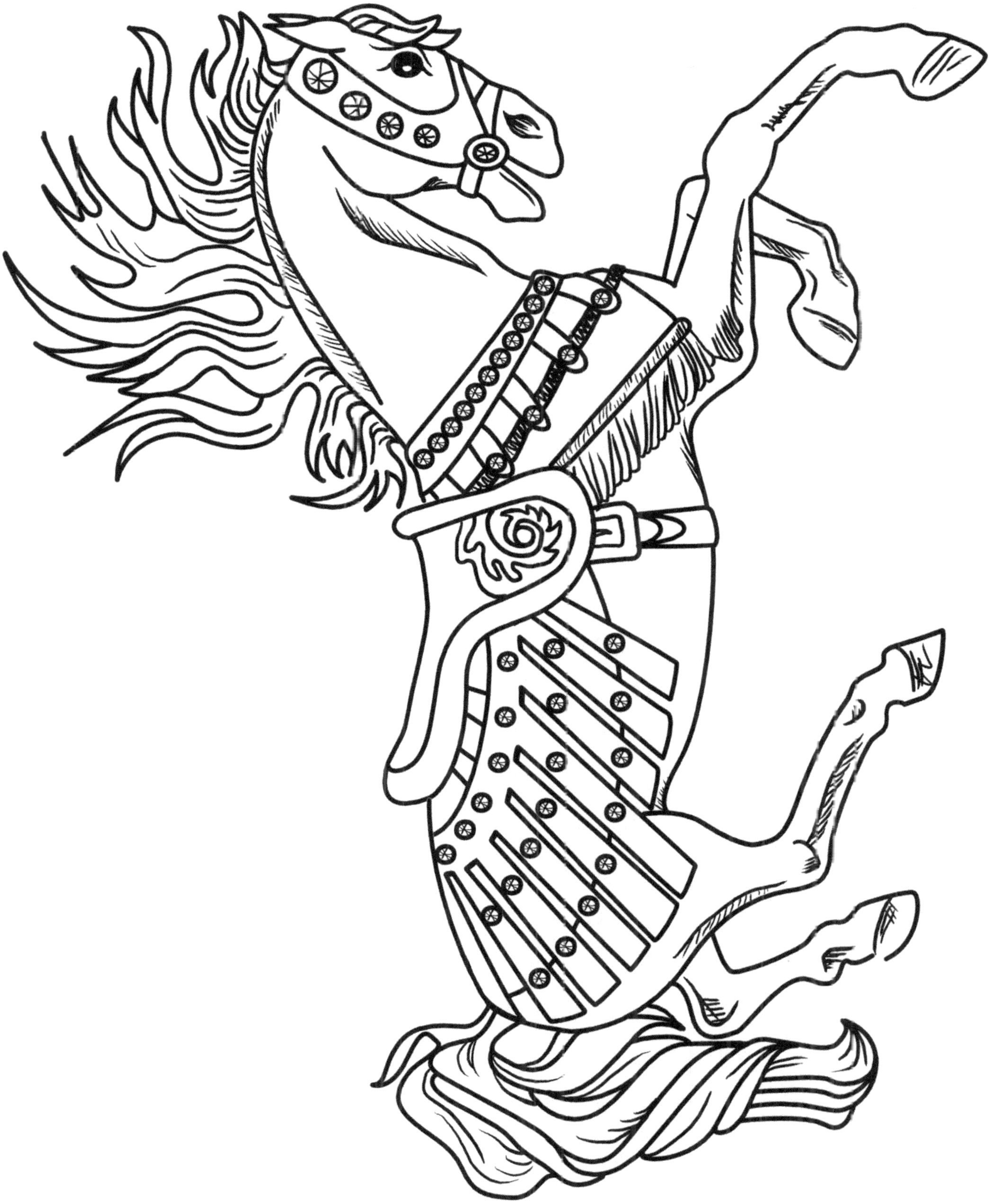

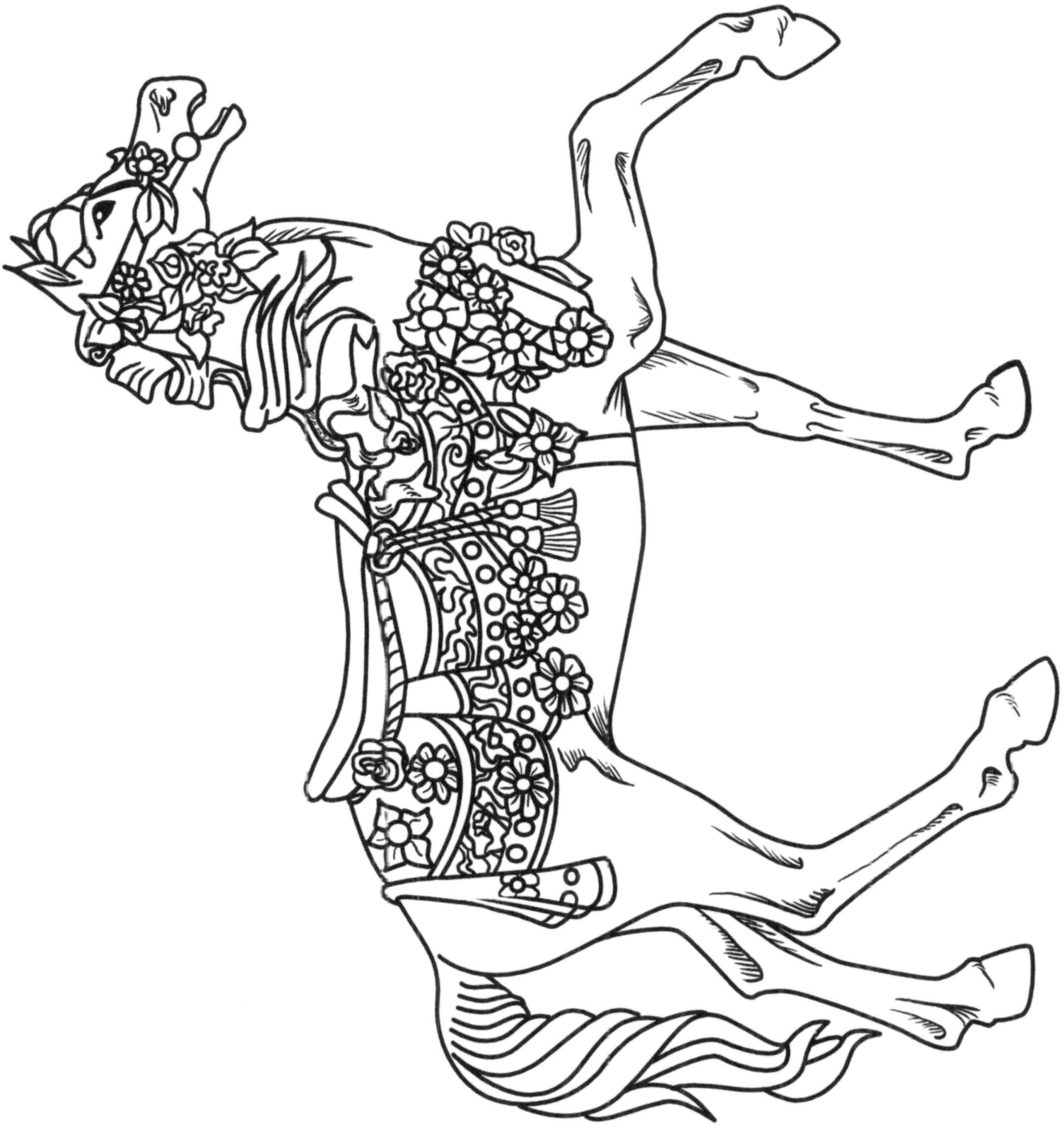

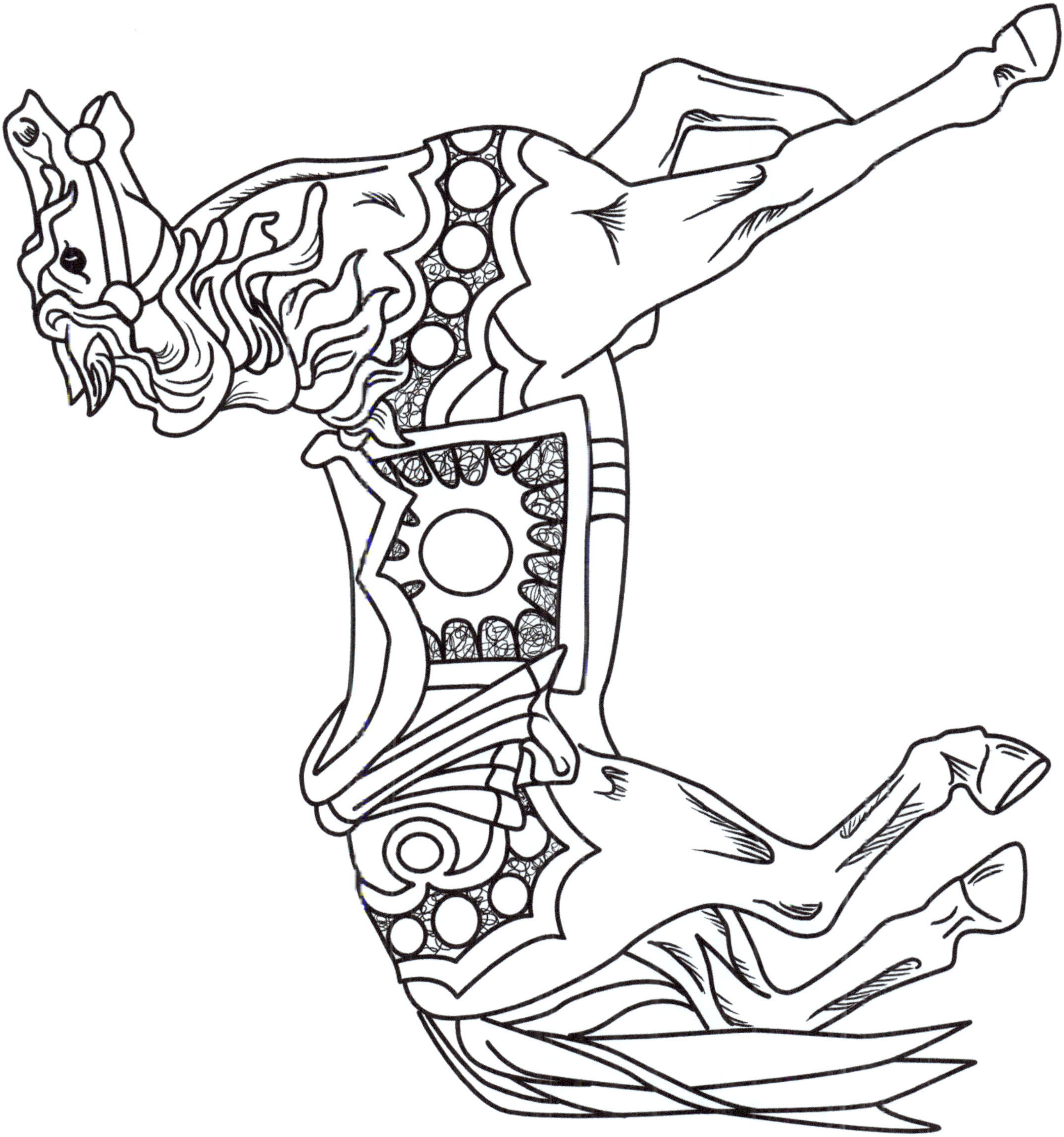

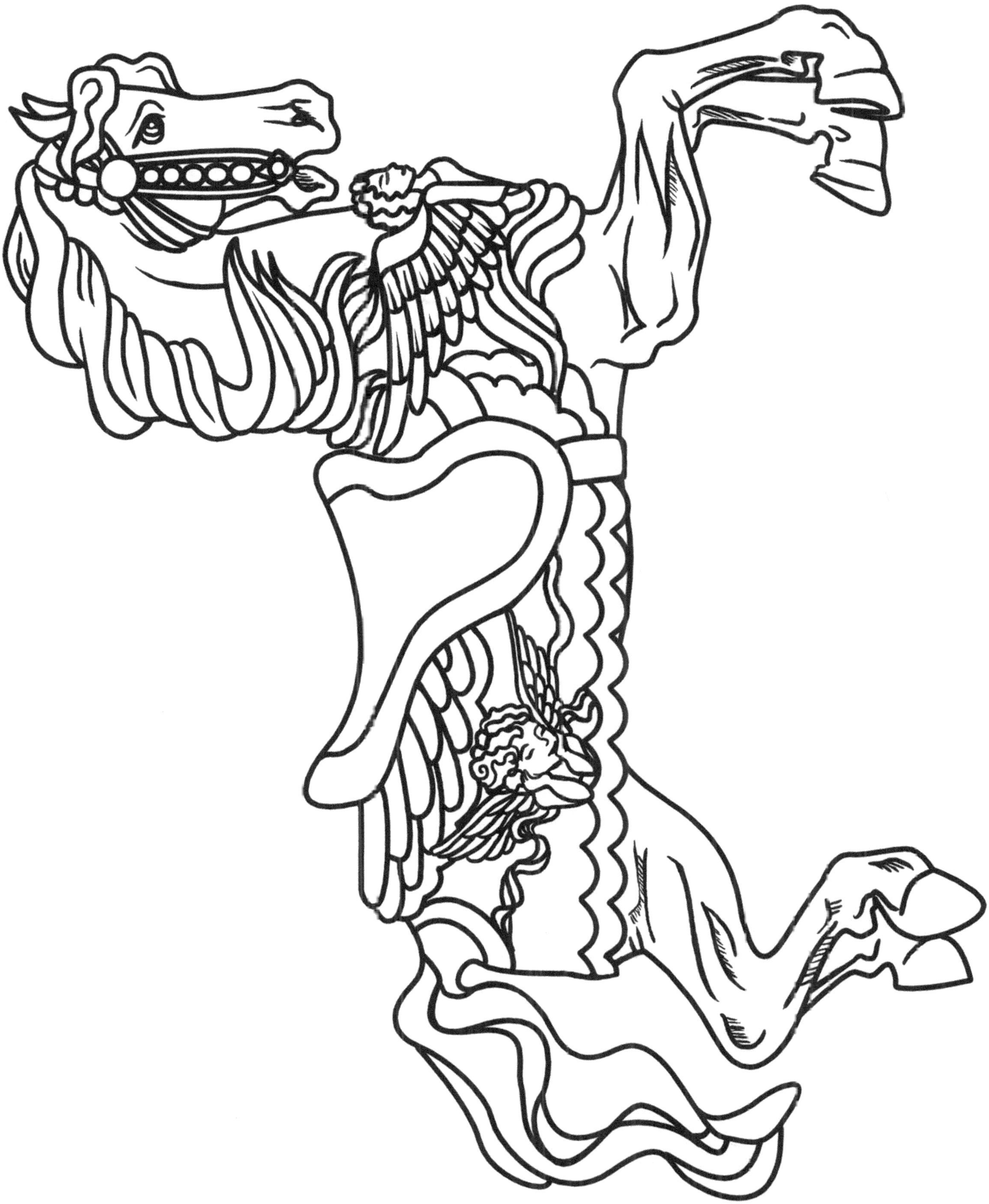

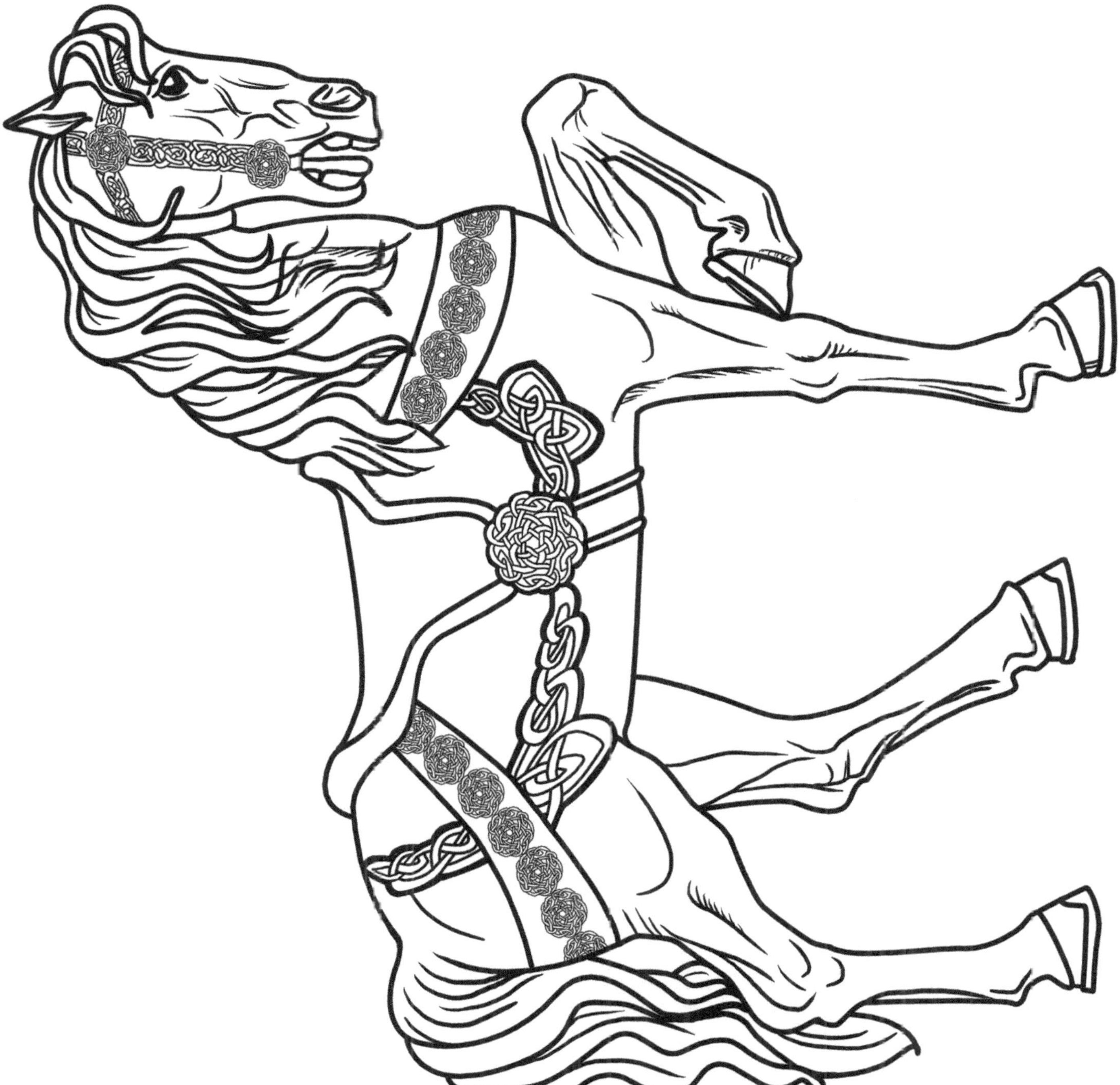

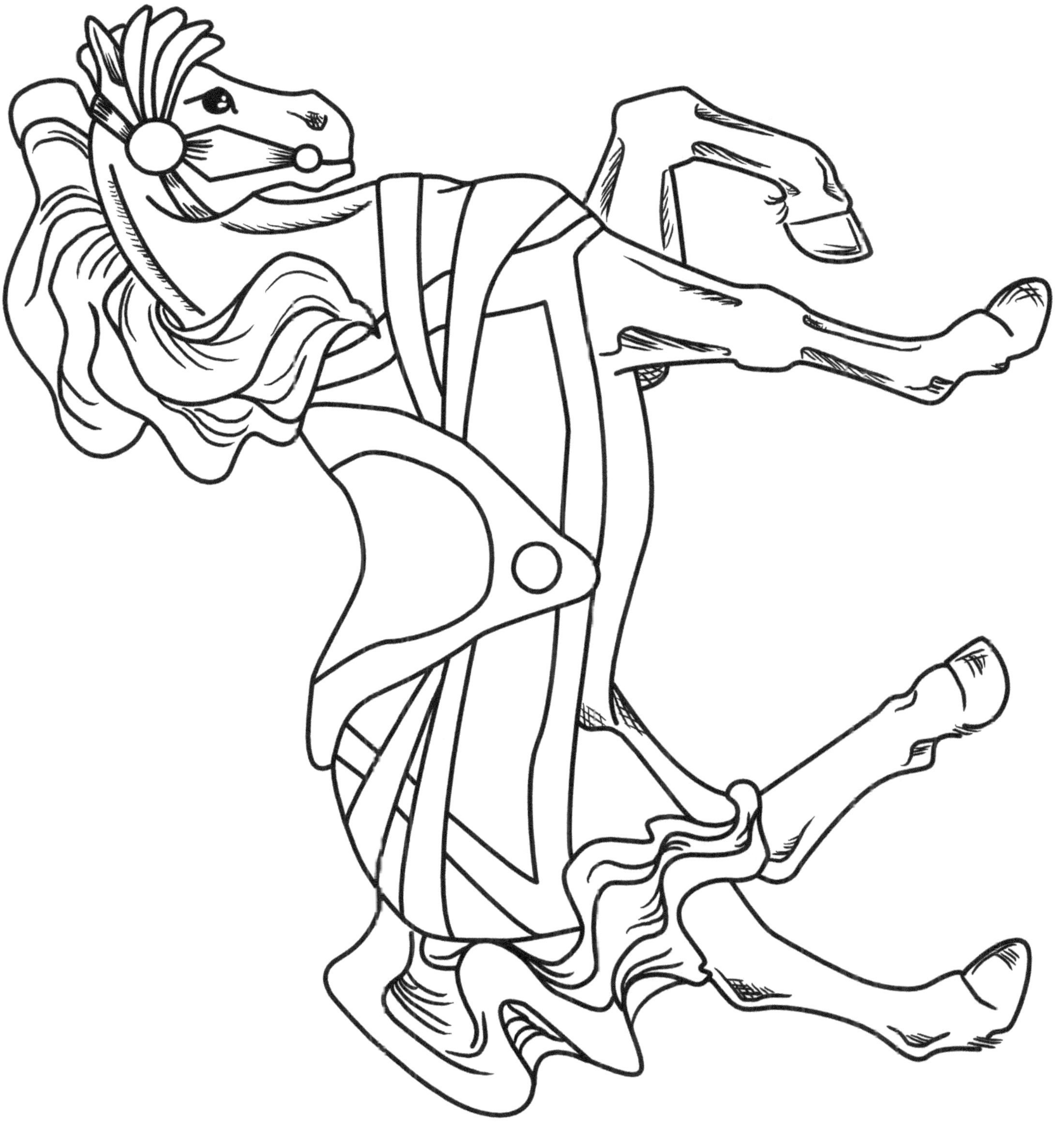

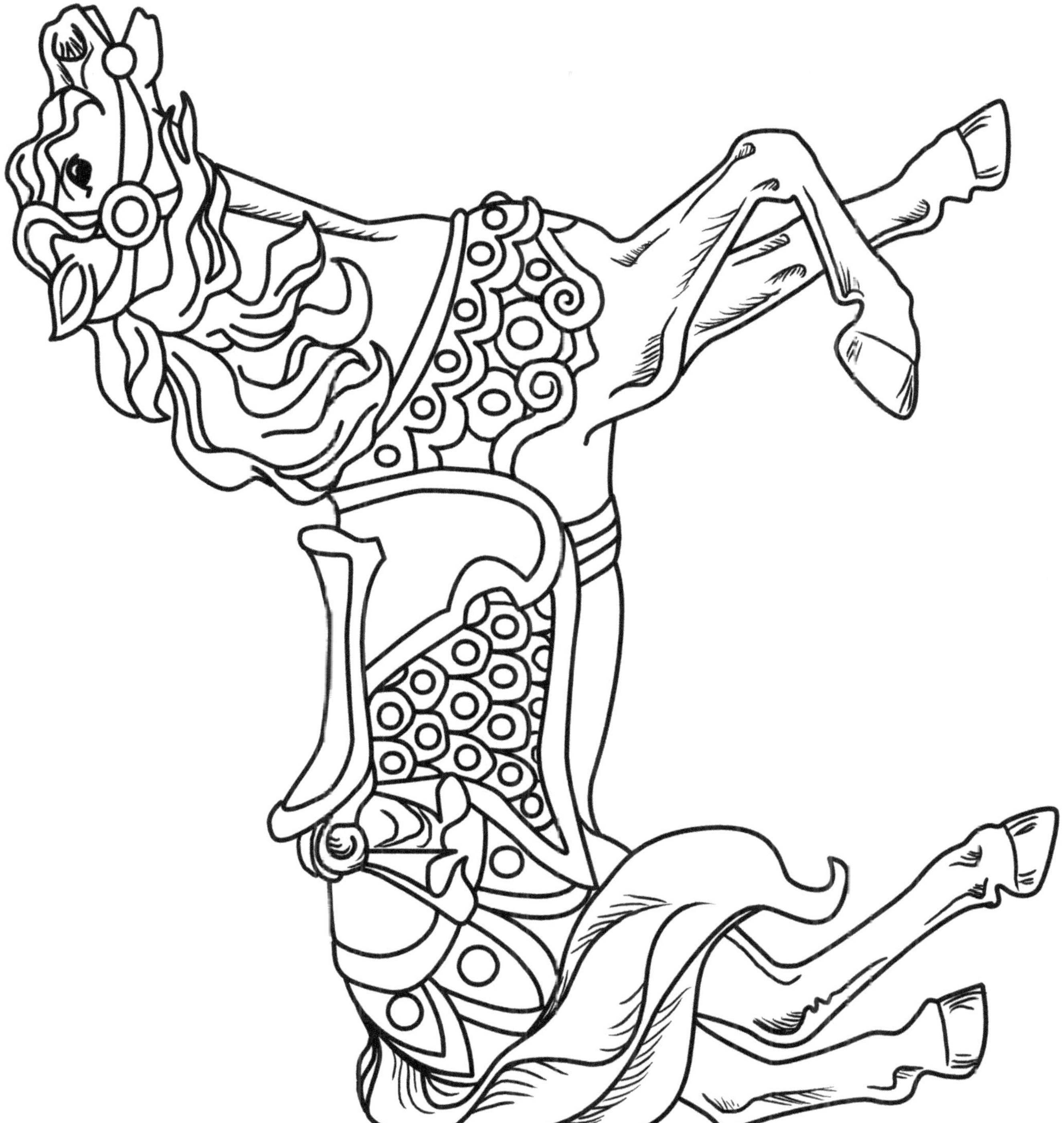

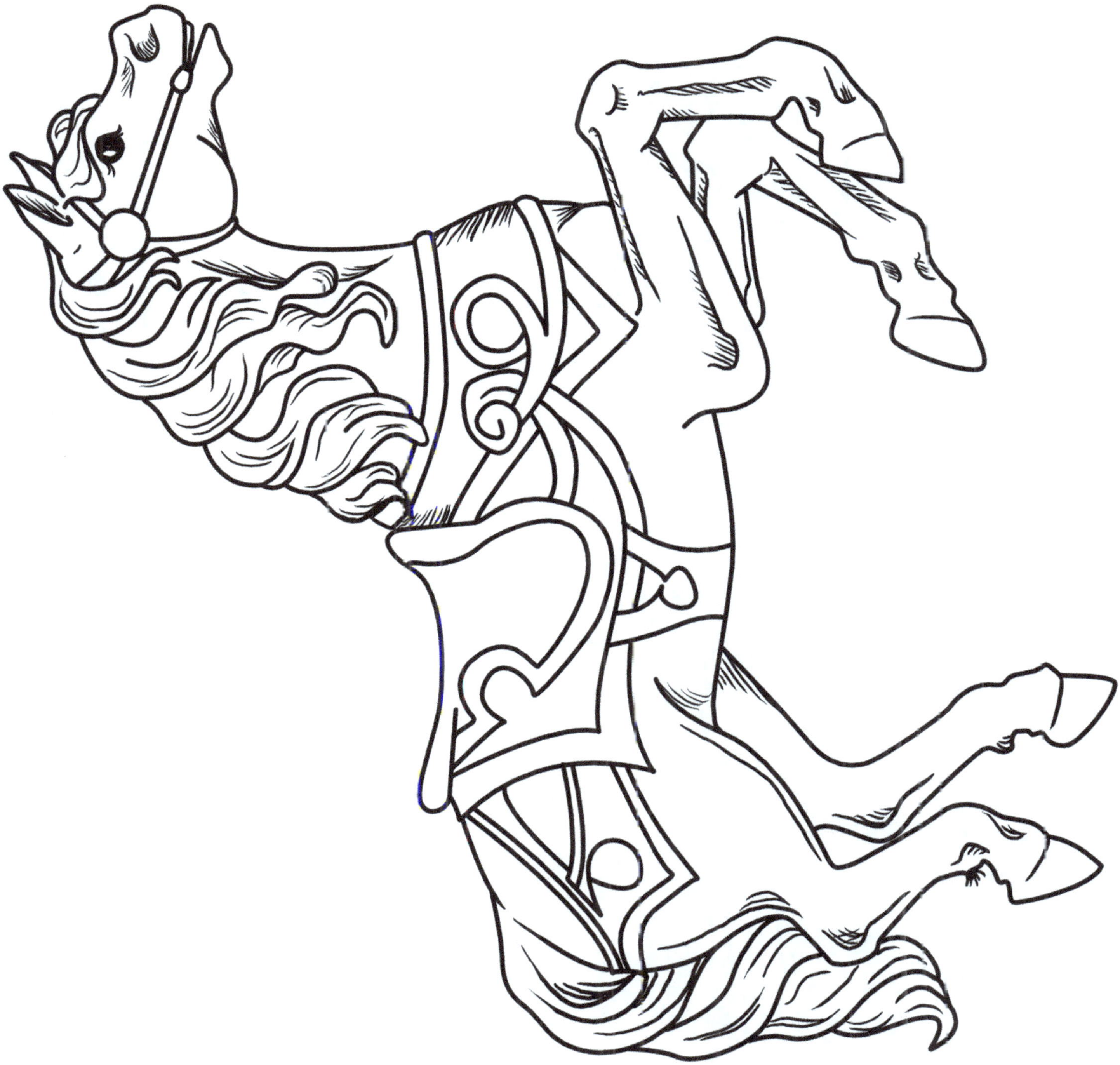

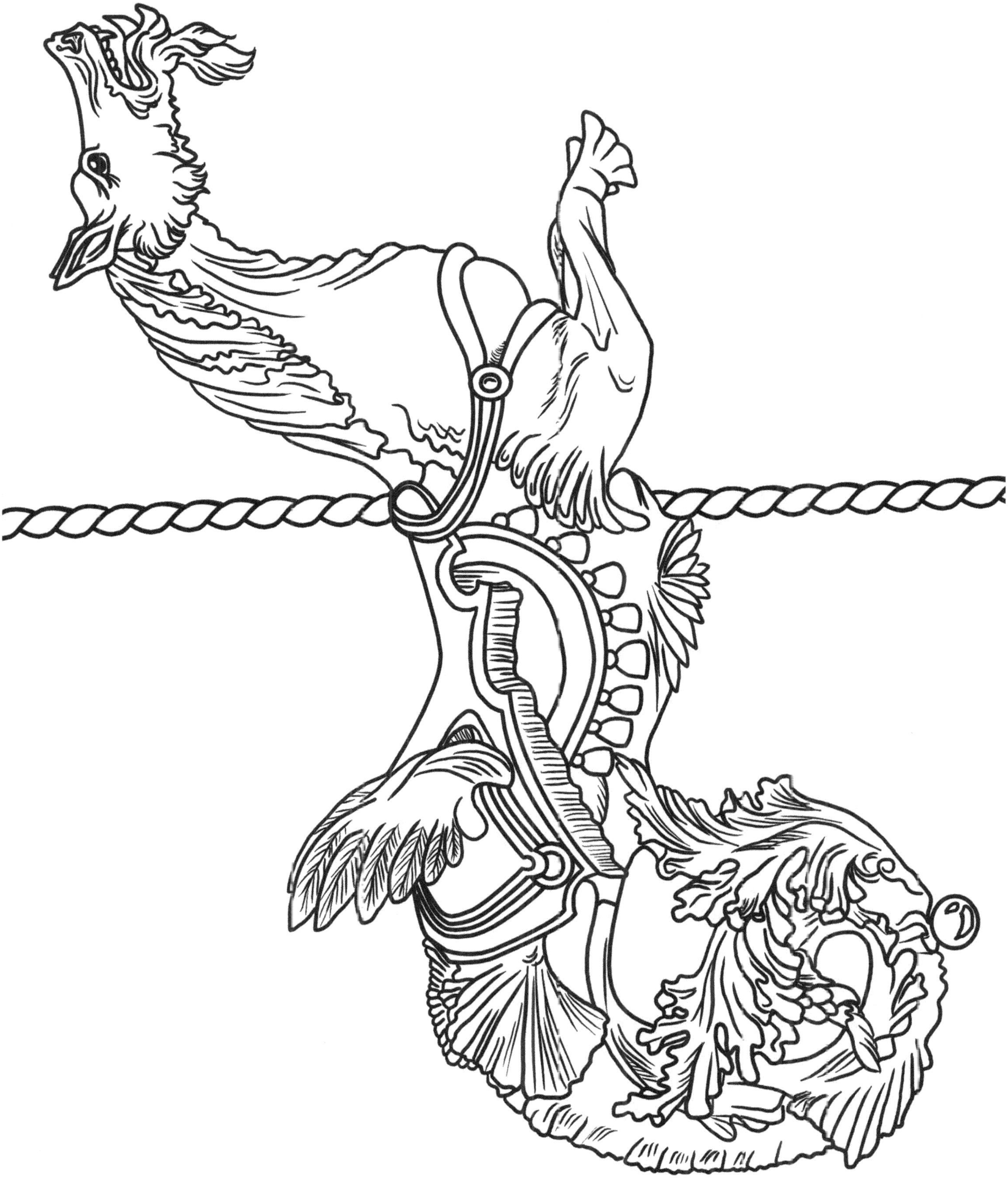

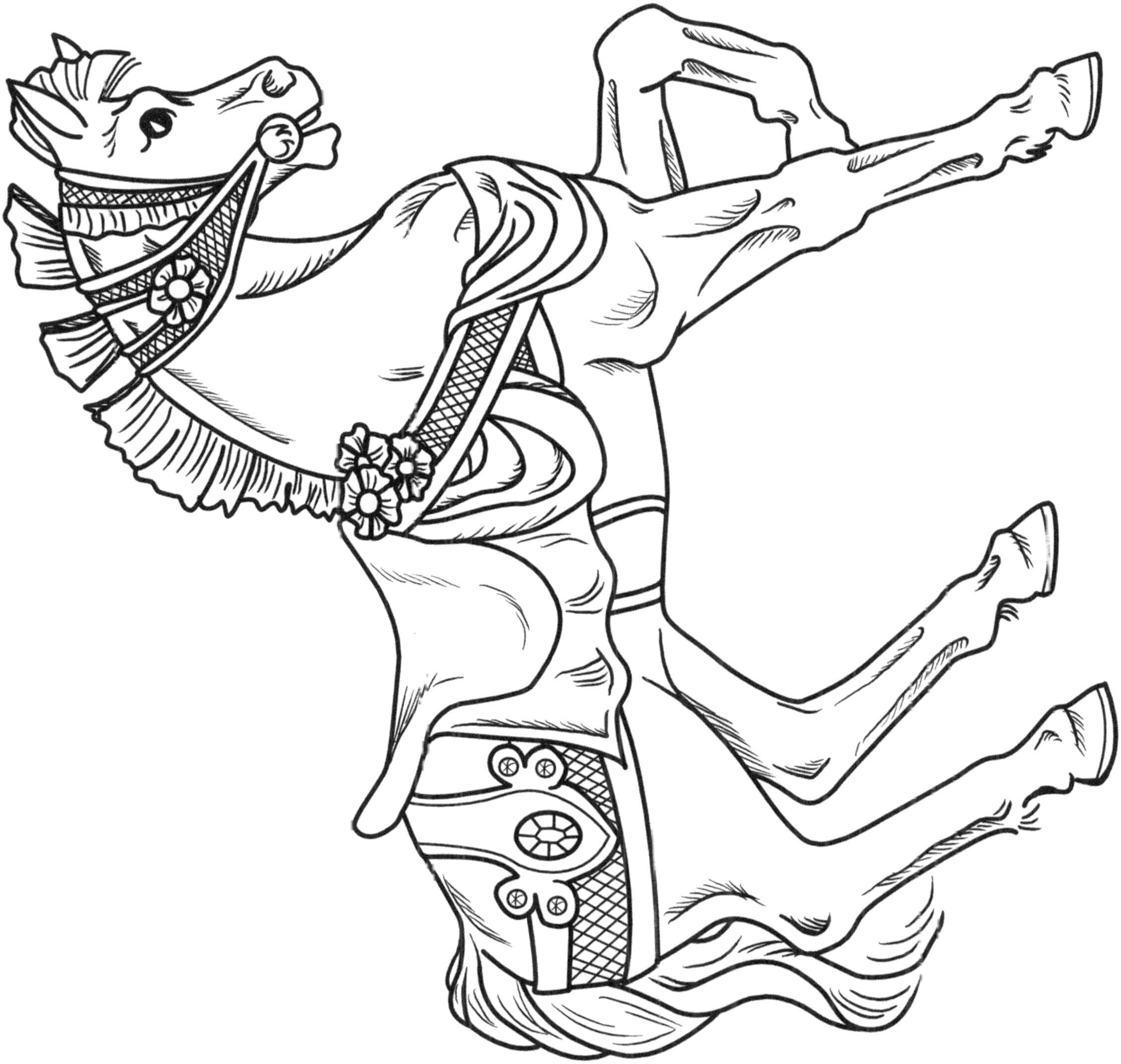

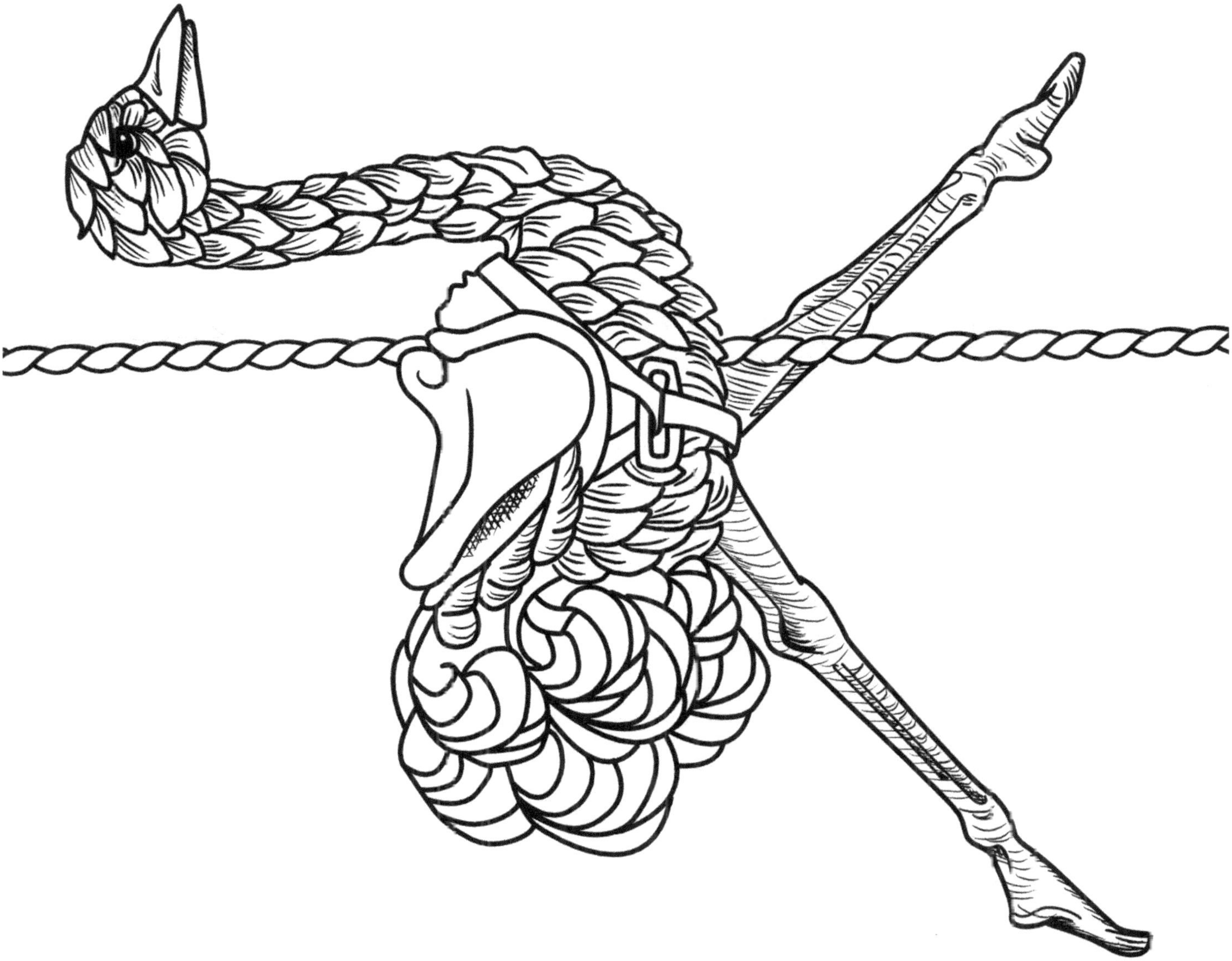

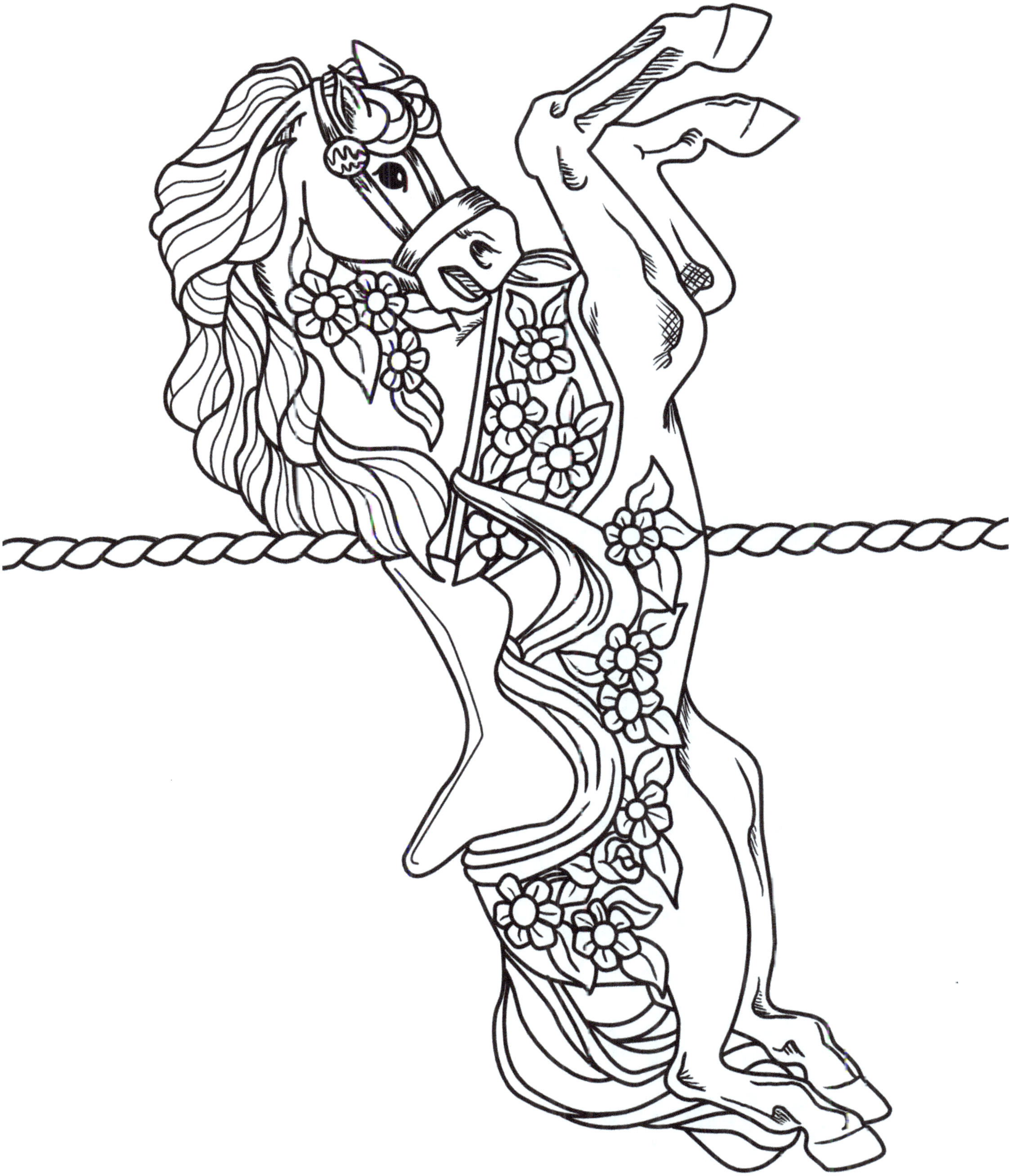

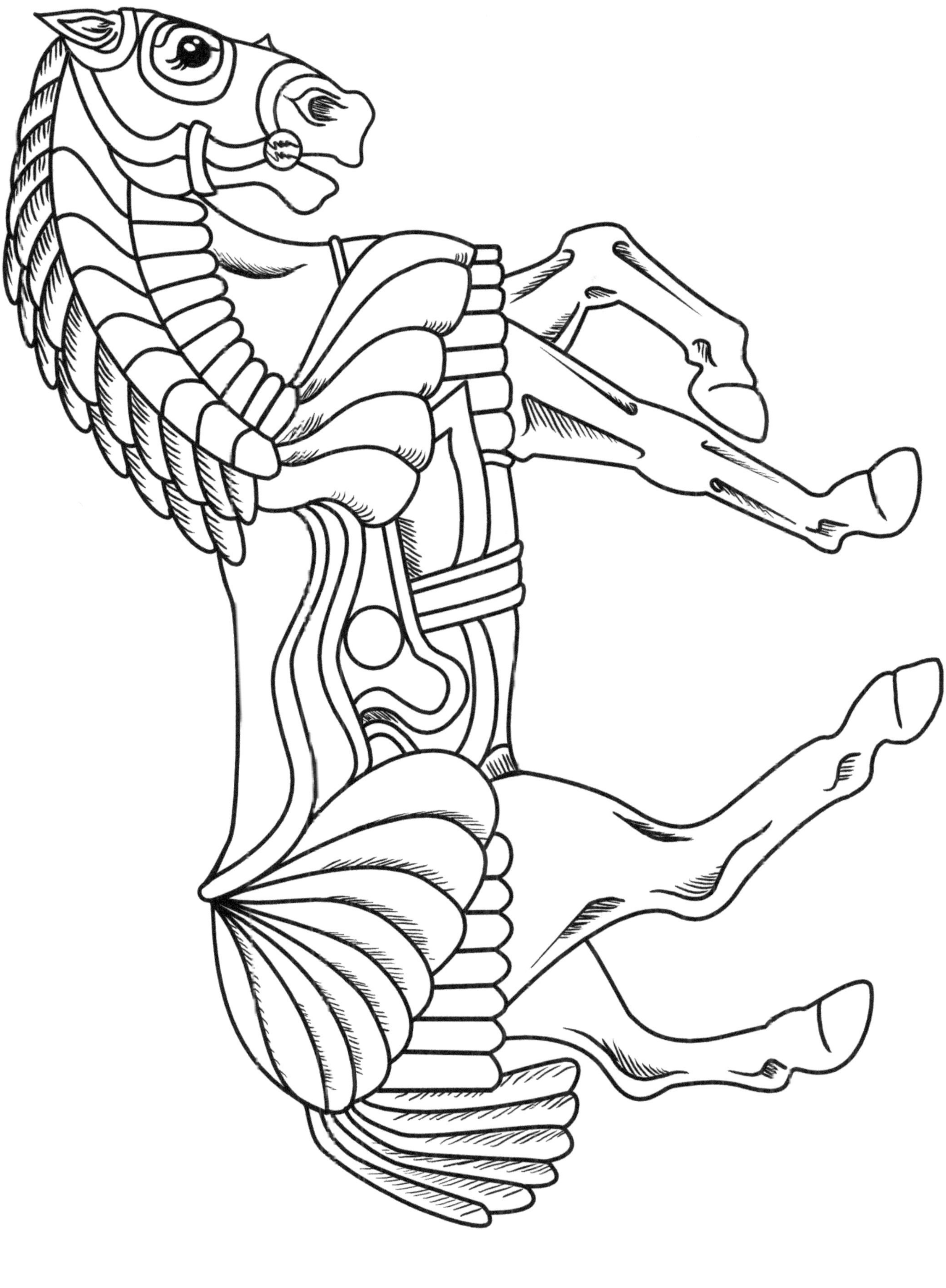

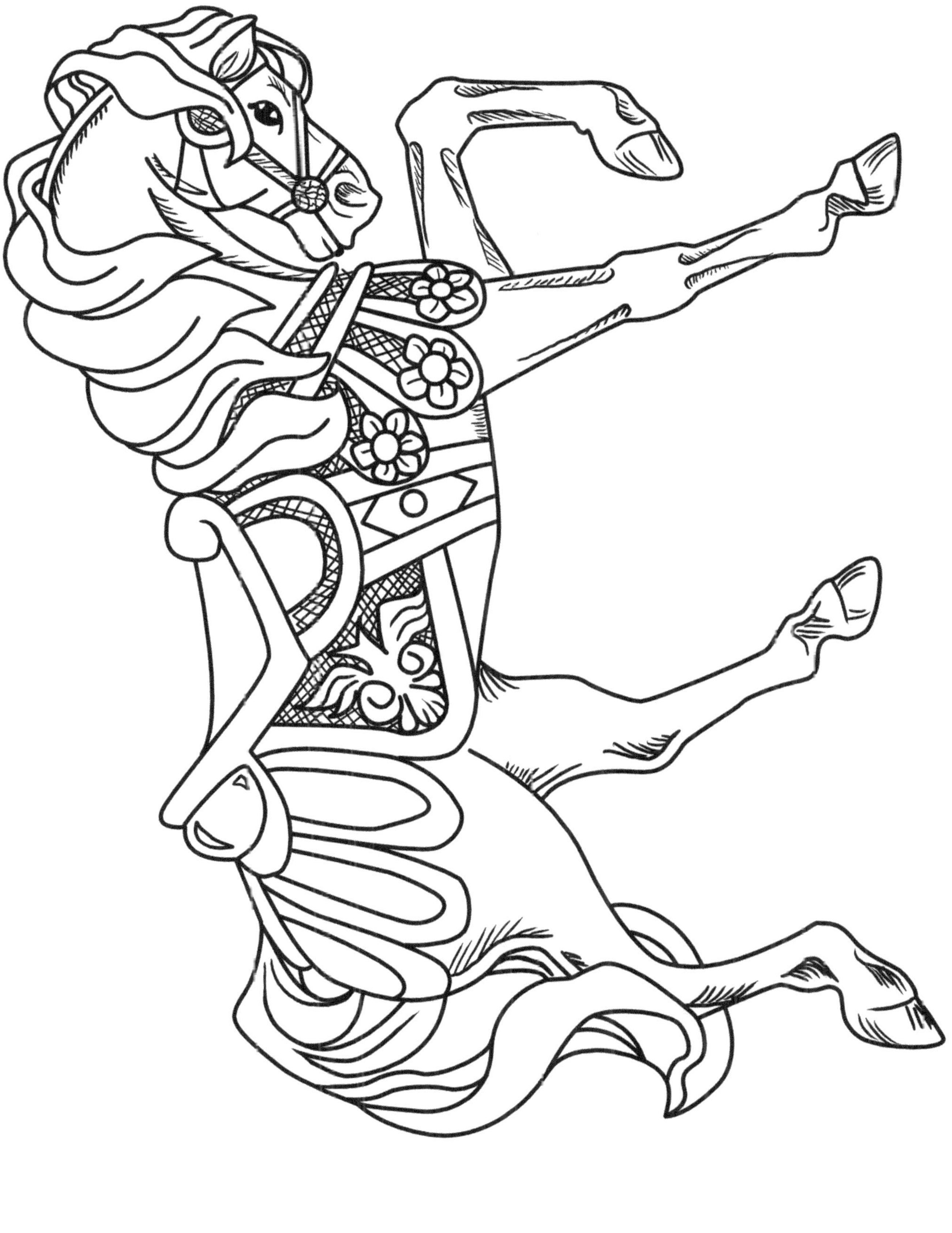

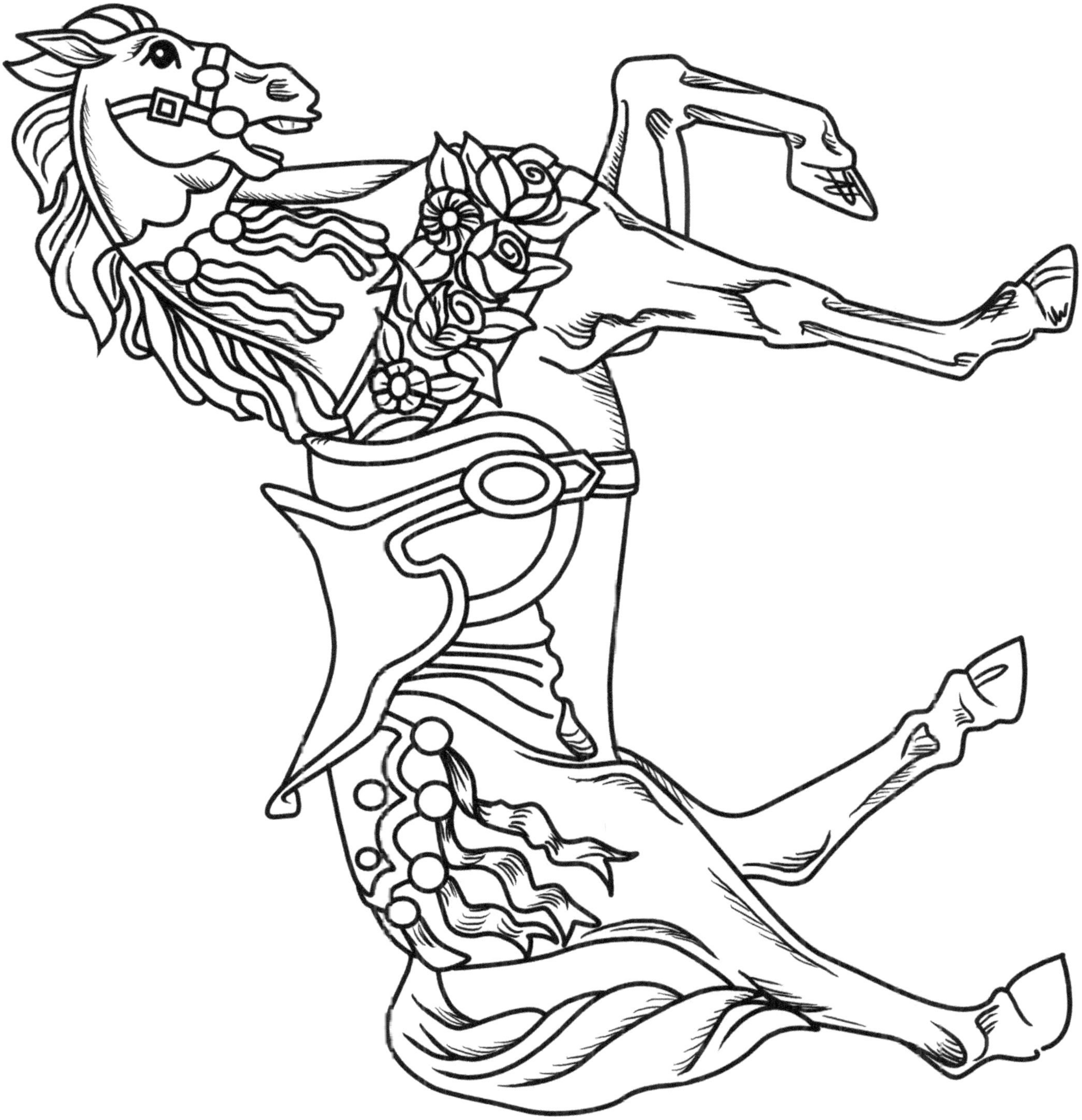

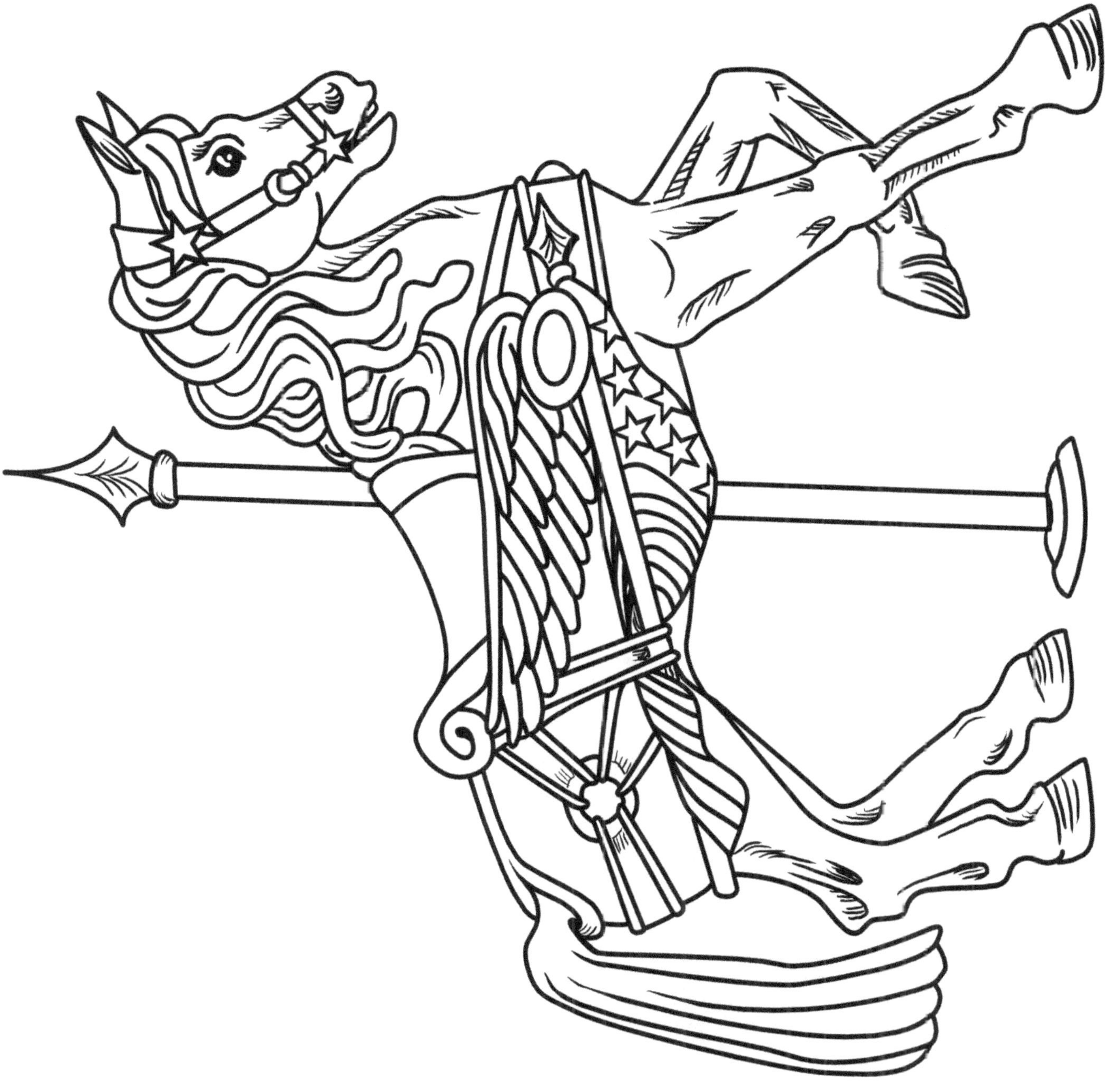

www.ingramcontent.com/pod-product-compliance
Lightning Source LLC
Chambersburg PA
CBHW080540190526
45169CB00007B/2574
* 9 7 8 1 5 3 0 7 7 3 7 5 6 *